Stephan H. Pfürtner

Sexualfeindschaft und Macht

Eine Streitschrift für
verantwortete Freiheit in der Kirche

Matthias-Grünewald-Verlag · Mainz

Für Irmgard, Mona und Manuel –
Im Dank für das Geschenk
unseres so vollen Lebens.

Die Deutsche Bibliothek – CIP-Einheitsaufnahme

Pfürtner, Stephan H.:
Sexualfeindschaft und Macht : eine Streitschrift für
verantwortete Freiheit in der Kirche / Stephan Pfürtner. –
Mainz : Matthias-Grünewald-Verl., 1992
ISBN 3-7867-1650-1

Umschlag: Peter Offenberg Grafik
Gesamtherstellung: Buch- und Offsetdruckerei Wagner GmbH, Nördlingen
ISBN 3-7867-1650-1

Inhalt

Zum Anlaß dieses Buches

Ein *Werkstattbericht* mag anstelle einer Einführung stehen. Ich war 1991 vom Präsidium des „Deutschen Evangelischen Kirchentages" eingeladen, in der Vorbereitungsgruppe für das „Forum Sexualität" mitzuwirken. Keines der Kommissionsmitglieder wußte so recht, wieviel Interesse am Thema bestehen würde. Der Kirchentag hatte vor mehr als einem Jahrzehnt das Thema zum letzten Mal angesetzt. Danach nicht mehr. Mangels Aktualität, hieß es in der Runde; die Diskussionen darüber hätten sich leergelaufen. Dann fand die ganztägige Veranstaltung am 6. Juni 1991 in Dortmund statt. Eine der großen Messehallen war bei allem Wechsel der Besucher immer wieder gefüllt, schätzungsweise bisweilen mit 2000 Teilnehmern und mehr. Bibelarbeiten, Vorträge, Diskussionen, Rollenspiele, Resolutionen – das alles umkreiste das Lebensfeld Sexualität. Der Titel des Forums lautete „Ja zur Vielfalt?". Er stand unter dem übergreifenden Rahmenthema „Gelingendes Leben: Komm, heilender Geist", der ganze Kirchentag unter dem Bekenntnis: „Gottes Geist befreit zum Leben". Wie so oft bei Großveranstaltungen konnte niemand sagen, ob das übergreifende Motto in das Bewußtsein der Besucher eingedrungen war; aber auch ausschließen konnte es niemand.

Aus dem Ablauf muß ein erster bedeutungsvoller Befund hervorgehoben werden: Was im eben genannten Titel noch mit einem Fragezeichen versehen war, bildete für die Referenten, die Gestaltungsgruppen und die Besucher des Forums offenbar keine Frage mehr. Immer wieder kam ein derartiges „neues" Selbstverständnis in diesem Großforum des Kirchentages zum Ausdruck. Schon die Erfahrungsberichte zur Grundlegung der nachfolgenden Reflexionen ließen es erkennen. „Lebenslandschaften" wurden gezeichnet, Männer und Frauen erzählten, wie sie ihr Leben und Lieben erfahren hatten: Junge und Ältere, Verheiratete und Geschiedene,

Schwule und Lesben, Singles und Paare, Behinderte und Nichtbehinderte kamen zu Wort.

Herrad Schenk faßte die Grundhaltung, die den Teilnehmern selbstverständlich geworden zu sein schien, in der Feststellung zusammen: Die Vielfalt der Lebensformen ist in unserer Gesellschaft zur Wirklichkeit geworden. Die Sozialwissenschaftlerin und Journalistin traf mit einer weiteren Erhebung offenbar ebenso die Einstellung der meisten in der Halle, wenn sie sagte: „Das ‚Ja zur Vielfalt' bedeutet nicht nur das Recht, wählen zu können, sondern auch die Bereitschaft, die Verantwortung für die Folgen der eigenen Entscheidung zu übernehmen. Es heißt auch, die verschiedenen Lebensentwürfe um mich herum zu akzeptieren" (Schenk 1991, 195f). Danach verwies die Referentin darauf, daß die Pluralität keineswegs ohne moralische Maßstäbe auskäme – „schließlich gibt es auch offenkundige Gemeinheit und Brutalität, das hemmungslose Sich-Hinwegsetzen über die Bedürfnisse anderer, verkrüppelnde und krankmachende Lebensformen". Dann schloß sie mit den Sätzen: „Was wir brauchen, ist eine neue Ethik, eine Ethik der Freiheit, die sich am Prinzip der Gegenseitigkeit orientiert. (...) Wenn die Kirche weiterhin den traditionellen Sittenkodex der alten bürgerlichen Gesellschaft verteidigt, bleibt sie – gerade für jüngere Menschen – unglaubwürdig. Die Vielfalt der Lebensmuster, die ‚neue Liebesunordnung', ist um uns herum längst Realität geworden. Was die Menschen brauchen, ist eine neue ethische Orientierung, die ihnen hilft, mit der Verwirrung durch die Vielfalt fertig zu werden, eben eine Ethik der Freiheit, die nicht einfach aus einer starren Liste vorgeschriebener oder verbotener Handlungen besteht. Der zentrale Orientierungsmaßstab für eine neue Ethik der Freiheit könnte durchaus die Nächstenliebe sein: Nächstenliebe und Selbstverwirklichung schließen einander nicht aus. Im Gegenteil ..." (Schenk 1991, 196). Der anhaltende stehende Applaus galt offenbar nicht nur der glanzvollen rhetorischen Leistung der Referentin. Er machte darüber hinaus deutlich, daß Frau Schenk das neue Verhältnis der meisten Teilnehmer zum Lebensfeld Sexualität in zentralen Zusammenhängen getroffen hatte. In ihrer Darstellung konnten sie sich offenbar wiederfinden, mit diesen Inhalten konnten sie sich identifizieren.

Der Marburger Sozialethiker Siegfried Keil faßte seine Sicht der

notwendigen Entwicklung so zusammen: Orientiert am neutestamentlichen Liebesgebot „ist es Aufgabe von Kirche und Theologie,
auf zwischenmenschlichem Gebiet zu neuen Ufern aufzubrechen
und angesichts vielfältig gelebter Beziehungsformen zu Experi-
ment und Wagnis, Änderung der Normen im Großen und wagen-
dem Überschreiten ihrer Grenzen im konkreten Fall zu ermutigen"
(s. Schullerus-Keßler 1991, 178). Die ganze Atmosphäre dieses Kir-
chentagsforums war keineswegs vorrangig durch Protestmentali-
tät geprägt, wie sie vielfach im Anschluß an die Studentenbewe-
gung der sechziger Jahre auch die Kirchen erfüllte. Vielmehr
könnte man von einer konstruktiven Sachlichkeit in positiver Offenheit gegenüber dem „Beziehungsfeld Sexualität" sprechen. Die
Suche nach erfüllenden Formen der Liebe bewegte die Menschen –
der Ausblick nach vorn, die Hoffnung auf ein gelingendes Leben
der Liebe, oder auch die Suche nach Leidminderung.

Die Situation auf Evangelischen Kirchentagen kann nicht einfach als repräsentativ für diejenigen der protestantischen Gemeinden oder Landeskirchen bezeichnet werden. Über die innerkirchlichen Dissonanzen und die Ungleichzeitigkeiten der Entwicklungen zwischen Kirche und Gesellschaft wird noch zu reden sein.
Aber Kirchentage können als Seismographen gelten für geistig-
geistliche Strömungen, für gesellschafts- und kulturpolitische Bewegungen, die Kirche und Gesellschaft durchziehen. Nicht selten
kommt ihnen darüber hinaus Signalwirkung für weitere Entwicklungen zu. Entsprechendes gilt von der Situation im deutschsprachigen Katholizismus. Aufgrund meiner langjährigen Tätigkeit sowohl im katholischen wie im evangelischen Raum meine ich sagen
zu können, daß in der Bevölkerung keine konfessionell bedingten
Unterschiede mehr in Fragen der Sexualität bestehen. Auch unter
Katholiken, vor allem in der jüngeren Generation, hat die Suche
nach einer neuen Ethik verantwortlich gelebter Freiheit auf dem
Hintergrund vielfältiger Lebensformen längst auf breiter Front begonnen.

Unterschiede gibt es jedoch nach wie vor in den kirchenamtlichen Stellungnahmen sowie in den öffentlichen Diskussionen. Die
lehramtlichen Disziplinierungen katholischer Theologen und anderer kirchenabhängiger Sprecher erlauben diesen gerade in Fragen der Sexualethik nur sehr bedingt eine offene und allgemein-

verständliche Sprache zu konkreten Konfliktthemen. Das führt nicht selten zu kollektiven Verdrängungen mit all ihren nachteiligen Folgen. Warum konnten sich Schwule oder Lesben – zum Beispiel – bisher auf den offiziellen Veranstaltungen der Katholikentage nicht so artikulieren wie etwa auf den Evangelischen Kirchentagen, sondern mußten auf den „Kirchentag von unten" ausweichen? Warum galt bisher dasselbe für Feministinnen, die unkonventionelle Standpunkte vertraten, sowie für die „Vereinigung katholischer Priester und ihrer Frauen", die den Pflichtzölibat in Frage stellen?

Nicht zuletzt brachte dieses Defizit an freier öffentlicher Meinungsbildung und Problemverarbeitung den „Bensberger Kreis" (BK) vor einigen Jahren dazu, eine öffentliche Stellungnahme zum Themenkreis „Kirche – Macht – Sexualität" zu planen. Der BK ist ein Zusammenschluß von Christen und Christinnen meist römisch-katholischer Herkunft. Die Mitglieder stehen zur Kirche in kritischer Verantwortung und haben ihre Entschließungen zu wichtigen Zeitfragen in die gesellschaftliche und kirchliche Diskussion einzubringen versucht. Ihre Stellungnahmen oder Memoranden bezogen sich – zum Beispiel – auf Kirche und Europäische Konföderation, Christentum und Sozialismus, die Anerkennung der Oder-Neisse-Grenze, § 218, Frieden, Demokratisierung der Kirche. Die für das Memorandum „Kirche – Macht – Sexualität" eingesetzte Kommission lud mich zur Mitarbeit ein. Im Zuge eines mehr als zweijährigen Austausches stellte ich ihr den nachfolgenden – inzwischen etwas erweiterten – Entwurf zur Verfügung. Dabei sind zahlreiche Anregungen aus dem intensiven Diskurs in ihn eingegangen. Ich kann sie in ihrer jeweiligen Herkunft nicht mehr deutlich benennen, möchte jedoch allen, die aus dem Bensberger Kreis am Gesprächsprozeß und dem Vorgang der Textkomposition teilhatten, meinen Dank aussprechen, besonders Magdalene Bußmann und Josef Funk. Eine Redaktionsgruppe hat das Memorandum des Kreises in 10 Thesen formuliert, die in der Tagespresse veröffentlicht wurden (Bensberger Kreis, 1992). Memorandum und meine Darstellung sind also in enger Verzahnung entstanden. Gleichwohl zeichne ich für den hier vorgelegten Text allein verantwortlich.

Die ursprüngliche Bestimmung dieser Publikation gab ihr ein

eigenes Gepräge. Als Beitrag, der auf die kirchliche Diskussion einwirken soll, ist er durch die Problemfelder zumal innerhalb des Katholizismus bestimmt und in kritischer Auseinandersetzung mit ihnen abgefaßt. Er vergegenwärtigt damit zugleich den derzeitigen Diskussionsstand unter den (deutschsprachigen) Katholiken zum Themenkreis. Eine maßgebliche Motivation zu ihr liegt darin, einen Beitrag zum Prozeß der Leidminderung für diejenigen zu versuchen, die nach wie vor durch ganz unnötige kirchliche (und – verflochten damit – vielfach auch gesellschaftliche) Unterdrückungsmechanismen bedrängt werden. Eine derartige Zielsetzung verlangt, die Negativa immer neu und streitbar anzugehen, solange sie Menschen belasten. Einer gewissen philosophischen Distanz vom Proteststil, wie Michel Foucault sie vollzog, soll damit nicht die Berechtigung abgesprochen werden. Die Abkehr davon, „ad infinitum das immergleiche Anti-Repressionslied zu singen", dem doch niemand mehr zuhört (Foucault 1977, 192; Schmid 1990, 13), muß keineswegs einen Verzicht auf das emanzipatorische Pathos von Aufklärung bedeuten. Foucault selbst ist ein beeindruckkendes Beispiel dafür.

In bestimmter Hinsicht sind die Belastungs- und Reibungsfelder im Katholizismus größer als im Protestantismus. „Die Freiheit eines Christenmenschen", die Unterscheidung von „Gesetz und Evangelium" sowie die viel größere Öffnung zu Aufklärung und Moderne (kein kirchenamtlich verordneter „Antimodernismus") haben evangelisches Bewußtsein anders als das der Katholiken für eine „neue Ethik der Freiheit" vorbereitet. Gleichwohl gibt es auch in den evangelischen Kirchen noch eine Menge Unerledigtes. In einigen Punkten haben die folgenden Auseinandersetzungen also ökumenische Bedeutung.

Die Thematisierung des Negativen sollte nicht verdecken, daß ihr eigentlicher Antriebsgrund die Vision des befreiten und gelingenden Lebens ist. Erfüllende Inhalte und die aus ihnen erwachsenden positiven Lebensperspektiven sind bestimmend. Das Ethos der Freiheit als Ethos der Verantwortung, auch im Lebensbereich von Geschlecht und Liebe, ist das kritisch-konstruktive Prinzip, das hier alle Abwehr destruktiver Zwangsmoral leitet. Nicht als ob die Augen vor menschlicher Gebrochenheit, die auch den Bereich unserer Sexualität durchzieht, verschlossen werden sollen. Aber abgesehen davon, daß „Sünde" im Kontext von Geschlechtlichkeit durch die Christentumsgeschichte hinreichend zur Sprache kam, sind nicht nur aus humaner Gesinnung, sondern auch aus theologischer Orientierung endlich konstruktive Lebensperspektiven in den Vordergrund zu stellen. Ich für meine Person entnehme diese Sicht in entscheidendem Maß der Hoffnung – einer Hoffnung aus Glauben an die befreiende Kraft der neutestamentlichen Botschaft. Ich lasse nicht davon ab, auf die Freiheit und Liebe schaffende Kraft des Evangeliums in der Geschichte zu setzen, auch in der Geschichte der Kirche.

Marburg, im Juni 1992 *Stephan H. Pfürtner*

I. Kirche – Macht – Sexualität

1. Zur Aktualität des Themas

In Fragen menschlicher Geschlechtlichkeit und ihrer Lebenskultur waltet derzeit eine tiefgreifende Dissonanz in den Kirchen. Die Gesellschaft ist auf ihre Weise davon betroffen. Die Konflikte erreichen bisweilen ein erschütterndes Ausmaß: Die öffentliche Diskussion ist bei einigen Themen so emotionalisiert, die Positionen sind so sehr festgefahren, daß ein sachliches Gespräch nicht mehr möglich ist. Unzählige Bürgerinnen und Bürger haben an fragwürdig gewordenen Moraltraditionen mit ihrem Streit- und Unterdrückungspotential existentiell zu leiden. Die Kirchen, die – wenn auch auf unterschiedliche Weise – eine derartige Moral in bestimmten Bereichen besonders geltend zu machen suchen, verfremden ihren Dienst am Evangelium und an den Menschen. Sie werden für viele dadurch unglaubwürdig, und zwar nicht nur auf dem Gebiet der Sexualethik.

Im Katholizismus wird die trennende Kluft bereits am Thema *Empfängnisverhütung* manifest: Was Millionen katholischer Frauen und Männer seit Jahrzehnten in Übereinstimmung mit ihrem Gewissen sowie im weltweiten Konsens mit den sittlichen Überzeugungen achtenswerter Mitbürger aus allen Gesellschaftsschichten praktizieren (Reuss 1961; Novak 1966; Roberts 1966; de Locht 1979), rückte *Prälat Caffarra*, der Leiter des „Päpstlichen Instituts für Studien zu Ehe und Familie", in die Nähe von *Tötungspraktiken.* Die Beschuldigung rief unter anderem das Zentralkomitee der deutschen Katholiken zu einer eindeutigen Zurückweisung auf den Plan (ZdK 1989). Papst Johannes Paul II. hatte sich zwar nicht mit Caffarras Auffassung identifiziert. Aber die päpstlichen Aussagen gegen die angegriffenen Mitmenschen in aller Welt – Christen oder Nichtchristen – waren der Sache nach von scharfer Polemik. Denn alle diejenigen, die sich nicht nach der kirchenamtlich-katholischen Lehre verhielten, würden gegen die Menschenwürde, gegen das sittlich qualifizierte Gewissen, gegen das Kreuz

Christi und die Heiligkeit Gottes verstoßen. So vernahmen es die Teilnehmer an einem Kongreß für Moraltheologie in Rom am 12. November 1988 (Johannes Paul II. 1988, Abs. 3–4). Gleichzeitig wies der Papst jede sachliche Berechtigung für einen Konflikt mit dem hierarchischen Lehramt in seiner gesamten „Lehrverkündigung" zurück. „Die Gesamtheit der Wahrheiten, die dem Verkündigungsdienst der Kirche anvertraut sind, bildet ein einiges Ganzes, eine Art Symphonie, in der sich jede Einzelwahrheit harmonisch mit den anderen verbindet (. . .). Man kann daher nicht sagen, ein Gläubiger habe sich sorgfältig um die Wahrheit bemüht, wenn er das nicht berücksichtigt, was das Lehramt sagt" (A.a.O. Abs. 3 u. 4).

Die Äußerungen waren im Kontext der derzeitigen innerkatholischen Diskussion zu verschiedenen Fragen der Sexualethik gemacht (s. Anhang: Literaturbericht). Der breitere öffentliche Diskurs darüber hatte mit dem Zweiten Vatikanum begonnen und war spätestens mit der Enzyklika „Humanae vitae" (Paul VI. 1968) weltweit in Gang gekommen. (Böckle u. a. 1968). Folgt man den eben zitierten Worten von Johannes Paul II., dann muß bereits diese ganze Diskussion als überflüssig, ja, als Ausdruck unkirchlicher Gesinnung bezeichnet werden. Denn wie soll es in einem Ganzen von symphonischer Harmonie rechtens überhaupt etwas kritisch zu diskutieren oder im Konflikt auszutragen geben?

In welchem Ausmaß hier die kirchenamtlichen Normvorstellungen und die Lebenswirklichkeit der Menschen auch innerhalb des Katholizismus auseinanderklaffen, macht ein Artikel von Hansjacob Stehle deutlich (DIE ZEIT v. 13. Jan. 1989). Der Titel lautete: „Ein dunkles Kapitel – in der katholischen Kirche brodelt es. Mehr denn je steht die kirchliche Sexualmoral zur Diskussion – und zwar zu allen Punkten, von A bis Z: von Aids bis Zölibat".

Die Entfremdungen zwischen dem römischen Lehr- und Leitungsamt und weiten Anteilen der übrigen Kirchengemeinschaft hat nicht zuletzt im umfassenden Einstellungs- und Verhaltenswandel der Gesellschaft im Bereich der Sexualität ihre Ursache. Der Wandel muß dabei keineswegs in jeder Hinsicht begrüßenswert sein, ebensowenig aber auch die traditionelle Fixierung. Tatsache ist jedoch, daß auch die kirchlich orientierte Bevölkerung, die in der Vergangenheit die stärksten Bindungen an traditionelle

Moralordnungen aufwies, sich bereits seit den fünfziger Jahren zunehmend diesem Änderungsprozeß angeschlossen hat (für die Bundesrepublik, vgl. L.v.Friedeburg, Die Umfrage in der Intimsphäre, 1953, 53). Das starre Festhalten des Lehramtes an Moralvorstellungen früherer Jahrhunderte führte inzwischen bei zahlreichen Katholiken – wenn nicht zum Austritt, so doch zu einer inneren Emigration aus ihrer Kirche. Seit der Enzyklika *Humanae vitae* nahm das kritische Bewußtsein der katholischen Bevölkerung – jedenfalls in der westlichen Welt – gegenüber dem Lehramt in Fragen der Sexualmoral ständig zu. Die Kirche soll aufhören, ins Schlafzimmer hineinzuregieren, lautet im Jargon die Abwehr. Die *Erklärung zu einigen Fragen der Sexualethik* seitens der Glaubenskongregation (Rom 1975) hat die mangelhafte öffentliche Akzeptanz kirchenamtlicher Lehre noch verstärkt. Für die Bundesrepublik Deutschland sind mir keine neueren Erhebungen zu derartigen Entfremdungsprozessen bekannt. Diese dürften jedoch kaum anders als in den USA vor sich gehen. Dort benutzen katholische Frauen, die Empfängnisverhütung praktizieren, zu 94% eine vom Papst verbotene Methode (Ch. Curran 1988, 81).

Wenn man sich das Gesagte, zumal die kirchen- oder moralsoziologischen Verhältnisse vor Augen hält, könnte die erneute öffentliche Behandlung des Themenfeldes wenig sinnvoll erscheinen. Einmal sieht es so aus, als hätte sich der Streit darüber von selbst erledigt, eben weil ein Großteil der Katholikinnen und Katholiken ihre eigenen Wege gesucht und gefunden haben. Zum anderen läßt sich fragen, ob die einschlägigen Probleme nicht längst ausdiskutiert und neue Argumente oder Gesichtspunkte nicht mehr zu erwarten sind. Weiterhin ist es verständlich, wenn diejenigen, die in den vergangenen Jahren oder Jahrzehnten von einem emanzipatorischen Pathos oder von Hoffnungen auf eine größere Toleranzfähigkeit der Kirche lebten, oft tiefe Resignation zum Ausdruck bringen. „Hat es", so fragen sich viele auch in Kirchenkreisen, „überhaupt noch einen Zweck, hier weitere Mühe zu verschwenden?" Denn trotz vielseitiger und langwährender Bemühungen, auf argumentativem Weg einen Aufbruch im Sinne einer freieren und menschenzugewandten Moral herbeizuführen, müssen sie immer wieder feststellen: Auf der anderen Seite bewegt sich nichts. Vielmehr haben sich in dem „Konfliktfeld Sexualmoral" Polarisierungen entwickelt, die ein wirkliches Gespräch zwischen den Streitgruppen oder -vertretern kaum mehr aufkommen lassen. Davon ist nicht nur unsere Kirche betroffen (wie die öffentliche Diskussion um § 218 zeigt), sie aber doch in besonderer Weise. Schließlich wäre noch zu bedenken, ob das Thema „Kirche – Macht – Sexualität" nicht zu sehr eine binnenkirchliche Angelegenheit darstellt. Ist es in einer Zeit, in der brennende Probleme von gesellschaftlich übergreifendem Interesse anstehen, nicht angezeigt, sich mit diesen zu befassen, statt die Kräfte kritischer Aufmerksamkeit an eine Art innerkatholische Nabelschau zu verwenden?

Bernhard Häring bringt die Einwände im Kontext seiner persönlichen Lebens- und Lehrgeschichte zum Ausdruck: „Die Erfahrungen des Krieges, das Miterleben von sinnlosem Töten und Sterben, das Mitansehen der Verrohung vieler hat mich zu einem geschworenen Gegner des Krieges gemacht. Ich finde es geradezu lächerlich und ärgerlich", schreibt mit siebenundsiebzig Jahren der bekannte Moraltheologe, Seelsorger, Konzilsberater (Peritus) und Autor des in 14 Sprachen übersetzten Werkes „Das Gesetz Christi", „daß ich in meinem Alter noch soviel Kraft auf Fragen wie Flexibilität oder Inflexibilität des Verbots von Kontrazeption und auf das Ankämpfen gegen Sexualrigorismus verwenden muß. Denn ich bin zutiefst überzeugt, daß meine Hauptberufung die eines unermüdlichen Friedensapostels für die Abschaffung des Krieges, für eine gewaltfreie Weltkultur, für eine radikale Liebe, die uns nicht zu Feinden werden läßt (. . .), ist und sein muß. Das ist das Wichtigste, was sich durch die Kriegserlebnisse meinem Gewissen eingeschrieben hat" (Häring 1989, 35f).

Über diese Erfahrungsanalyse hinaus ist seine Lebensgeschichte für die derzeitige Lage der römisch-katholischen Kirche geradezu symptomatisch: Auch ihm wurden in den letzten Jahrzehnten verschiedene Prozesse von der Glaubenskongregation in Rom gemacht, mit all den – besonders für eine Kirche – unwürdigen Denunziationen, persönlichen Demütigungen, Ausgrenzungen und Rechtsunsicherheiten, die einen Angeklagten bei derartigen Verfahren nach wie vor treffen. Jedenfalls legen die verschiedenen Reaktionen des römischen Lehramtes durch die jüngste Geschichte seiner Verfahrenspraxis eine derartige Einschätzung nahe.

Eine verbreitete innerkatholische Resignation ist somit verständlich. Ebenso mögen die anderen genannten Einwände irgendwie ihre Geltung haben. Wir gehen jedoch von ergänzenden Gesichtspunkten aus.

2. Wider die Angst in der Kirche
Plädoyer für christlichen Freimut und gegen den Opportunismus

In zahlreichen katholischen Gremien, unter Theologen, Medienvertretern oder kirchenabhängigen Mitarbeitern breitet sich wieder Angst aus, und mit ihr der Opportunismus. In der Kirche muß dagegen jeder eine offene, wahrhaftige Sprache führen können, auch zu Fragen der Ehe-, Familien- und Sexualethik. Zugegeben, es ist eine weltweit verbreitete Erscheinung religiöser Systeme, legitime Freiheitsbedürfnisse von einzelnen einzuengen, ja Moralterror gegen sie oder dissidente Gruppen auszuüben. Bekanntlich ist die Geschichte der katholischen Kirche nicht frei davon. Ihre Inquisitionsbehörde zählte in bestimmten Epochen zu den gefürchtetsten Einrichtungen Europas. Auch ihre Nachfolge-Institution, das „Heilige Officium", betrieb im vorigen Jahrhundert seine Anti-Modernisten-Jagd. Sie verbreitete innerkirchlich noch unter Pius XII. ein entsprechendes Angstklima.

Erst das Zweite Vatikanum hat die Fenster in der katholischen Kirche der Neuzeit geöffnet und zu freiem Atmen aufgerufen. Es hat sich nicht nur zur Religions- und Gewissensfreiheit jedes Menschen, also auch jedes Katholiken bekannt (vgl. die Erklärung über die Religionsfreiheit, *Dignitatis humanae*, 2–3). Im Zuge seines allgemeinen Durchbruchs zur offenen Gesellschaft und zur modernen Freiheitsgeschichte wurde auch die freie Meinungsäußerung und das Recht auf öffentliche Meinungsbildung bejaht. Das geschah mit reichhaltigen soziologischen, sozialethischen und -theologischen Reflexionen in der Pastoralinstruktion *Communio et Progressio* (1971). Eine päpstliche Kommission zeichnete dafür – mit ausdrücklicher Approbation von Paul VI. – verantwortlich. Sie bezeichnete die öffentliche Meinungsbildung in Kirche und Gesellschaft als „unbedingt erforderlich" (Nr. 26). Sie hob hervor, daß „Meinungsfreiheit sowie das Recht, zu informieren und informiert zu werden, einander notwendig bedingen"; dieses Informations-recht sei von Johannes XXIII., Paul VI. sowie vom Zweiten Vatika-num „klar und deutlich herausgestellt" (Nr. 33). Und sie betonte, daß dieses Kommunikations-Grundrecht nicht nur für die Gesell-schaft, sondern auch für die Kirche zu gelten habe: „Als lebendi-ger Organismus bedarf die Kirche der öffentlichen Meinung, die aus dem Gespräch ihrer Glieder erwächst. Nur dann ist in ihrem Denken und Handeln Fortschritt möglich. Dem Leben der Kirche würde etwas fehlen, wenn es in ihr an öffentlicher Meinung man-gelte. Die Schuld daran fiele auf Hirten und Gläubige. (. . .) Darum müssen Katholiken sich völlig dessen bewußt sein, daß sie wirk-lich die Freiheit der Meinungsäußerung besitzen" (Nr. 115f).

Auf dem Hintergrund der nachkonziliaren Rückwärtsentwick-lungen, die nicht zuletzt die Kirchenleitung in Rom zu verantwor-ten hat, nehmen sich diese Beschwörungen eines neuen freiheitli-chen Miteinanders in der Kirche wie reine Lippenbekenntnisse aus. Beispiele dafür gibt es in Fülle. Nur aus der jüngsten Vergan-genheit seien einige herausgegriffen. Allein der Umstand, daß der Frankfurter Theologe Siegfried Wiedenhofer die *Kölner Erklärung* (s. *Anhang*) mitunterzeichnet hatte, genügte der Glaubenskongre-gation zu seiner Disqualifizierung. Der Ortsbischof von Graz hatte für seine Berufung auf einen dort offenstehenden Lehrstuhl keine Einwände – Veranstalter derjenigen Gruppen, die brennende The-men im Kontext der Sexualanthropologie und -ethik behandeln wollten („Homosexuelle und Kirche", „Kirche für Frauen – Frauenkirche?", „Priester und ihre Frauen"), wurden auf dem of-fiziellen Katholikentag in Berlin 1990 nicht zugelassen. Sie mußten in den „Katholikentag von unten" ausweichen. Aus der kirchli-chen Presse wird ebenfalls die kontroverse Behandlung von The-men im Bereich der Sexualität verdrängt. Öffentliche Meinungsbil-dung, die nicht an die kirchenamtliche Lehre und Praxis angepaßt ist, muß auf Presseorgane zurückgreifen, die sich (vor allem wirt-schaftlich) unabhängig von der Hierarchie gemacht haben.

Daß sich eine derartige kirchliche „Subkultur" bilden muß, ist kennzeichnend für die gegenwärtige innerkatholische Lage. Un-mittelbar betroffen von disziplinierenden Pressionen sind naturge-mäß die vielen Frauen und Männer, die sich in einem kirchlichen Arbeits- oder anderweitigen Abhängigkeitsverhältnis befinden.

Verständlicherweise breitet sich vor allem unter ihnen Angst aus, eigene Erfahrungen oder Auffassungen freimütig ins öffentliche Gespräch einzubringen. Wer kennt nicht Priester, die nicht mehr zu ihren Zölibatsverpflichtungen stehen, oder Frauen, die ihre Partnerinnen sind, oder Schwule im kirchlichen Dienst, die kein „coming out" riskieren dürfen, oder Seelsorger, die mit ihrer pastoralen Arbeit bei Fragen der Jugend und Ehemoral vor den Vertretern der offiziellen Kirche Versteck spielen müssen, oder Geschiedene und Wiederverheiratete, für die das Gleiche gilt. Sie alle sind dazu verurteilt, in einem Dauerzustand öffentlicher Unwahrhaftigkeit zu leben und in der einen oder anderen Form auf ihre persönliche sowie soziale Identität zu verzichten. Der kirchlich abhängige Personenkreis ist derzeit weitgehend nicht imstande, öffentlich für Alternativen zur amtlich verordneten Sexualmoral einzutreten. Aber der Konfliktstoff darf nicht „unter den Teppich gekehrt" werden.

Mittelbar sind weitaus größere Bevölkerungskreise von den kirchenamtlich vertretenen repressiven Wert- oder Moralmustern betroffen als die kirchlich direkt Abhängigen: Jugendliche, Frauen, Behinderte, Homosexuelle zum Beispiel. Schon daran wird deutlich, daß der Behandlung des Themas keineswegs nur binnenkirchliche Bedeutung zukommt. Die Gleichberechtigung von Frauen, Fragen der Jugend- und Alterssexualität, die Geburtenregelung, AIDS, Schwangerschaftsabbruch, Alternativformen zu Ehe und Familie, die Rehabilitierung von Minderheiten wie den Homosexuellen, all das sind Problem- und Konfliktfelder, die unsere Gesellschaft als ganze berühren. Was die Kirchen dazu sagen oder machen, ist keineswegs für die politische und die Rechtsgemeinschaft unserer Länder und Staaten belanglos. Man denke nur daran, wie der Vatikan oder regionale Bistumsleitungen ihren politischen Einfluß aufgrund ihrer Vertretungen in nationalen oder internationalen Institutionen nutzen, um ihre Moralvorstellungen in Sachen Empfängnisverhütung, Abtreibung oder Kondomschutz gegen AIDS-Infektionen in der Praxis durchzusetzen. In den USA scheint die Abtreibung zum Thema Nr. 1 des Wahlkampfes zu werden.

Die kritische Auseinandersetzung mit einer fragwürdig gewordenen Sexualmoral zusammen mit ihrer Herrschaftswirkung bleibt daher eine sozialethische Aufgabe. Darüber hinaus ist nach Orientierungshilfen dafür zu suchen, wie sich Sexualität in humaner Gestalt schöpfungs- und erlösungstheologisch begründet, das heißt aus christlichem Ethos heraus leben läßt, ohne einem unkritischen Sexualoptimismus oder wildwüchsiger Freizügigkeit zu verfallen. Die kirchenamtlich vertretene Sexualmoral ist dafür nicht mehr geeignet. Die Behinderung einer freien theologischen Diskussion hat es weitgehend unmöglich gemacht, tragfähige Alternativen ethischer Legitimation in der Kirche zu entwickeln und öffentlich wirksam zu vermitteln. So weist die lehramtliche Moraltheorie zu Grundfragen der Sexualität inzwischen ein großes Defizit auf. Dieser Umstand ist für viele Katholiken unerträglich. Er drängt sie entweder in die innere Emigration ihrer Kirche; oder er verlangt von ihnen eine gespaltene Existenz. Einerseits wollen sie als Bürgerinnen und Bürger eine Lebenskultur praktizieren, in der offene Rationalität und selbstverantwortliche Entscheidung grundlegend sind. Andererseits wird ihnen, sofern sie sich als Mitglieder der Kirche verstehen und ihnen an einer Gesinnungsgemeinschaft mit ihr gelegen ist, eine für sie nicht mehr einsichtige Moralordnung abverlangt. Die Folge davon ist für viele entweder die Verinnerlichung eines dauerhaft schlechten Gewissens oder ein „Doppelleben" als religiöse oder „weltliche" Menschen.

Freilich herrscht nicht nur in der römisch-katholischen Kirche ein dringlicher Bedarf nach einer Sexualethik, die den gesellschaftlichen Veränderungen und gegenwärtigen Aufgaben gerecht wird. Bei näherem Hinsehen zeigt sich, daß auch die anderen Kirchen oder christlichen Gemeinschaften, ja, auch Staat und Gesellschaft auf ihre Weise dazu aufgerufen sind. Es ist keineswegs so, daß hier argumentativ nichts Neues mehr aufzudecken und zur öffentlichen Geltung zu bringen wäre. Im Gegenteil, man muß geradezu von einem Paradigmenwechsel reden, der aufgrund der Umwälzungen in den Moralvorstellungen und demgemäß in der ethischen Sprache zu Fragen der Sexualität dringend ansteht. Dieser Wandel ist mit dem veränderten Stellenwert verknüpft, den die Fortpflanzung als Sinn und Ziel menschlicher Geschlechtlichkeit inzwischen in der Geschichte unseres Planeten erhalten hat.

Denn über Jahrtausende hinweg nahm die Fortpflanzung in der moralischen Legitimation für gelebte Sexualität den ersten, ja einen exklusiven Rang ein. Bis in die Epoche des neuzeitlichen Bürgertums wurde geschlechtlichem Leben nur im Zusammenhang mit der Fortpflanzungsabsicht moralisch eine Legitimation zuerkannt. Sigmund Freud traf mit seiner Analyse durchaus die Verhältnisse seiner Zeit, wenn er darauf verwies, daß die Verknüpfung von Ehe, Fortpflanzung und Sexualität unverändert ihre Geltung hat: „Die heutige Kultur gibt deutlich zu erkennen, (. . .) daß sie die Sexualität als selbständige Lustquelle nicht mag und sie nur als bisher unersetzte Quelle für die Vermehrung der Menschen zu dulden gewillt ist" (Freud 1948, 464).

In der Praxis ist die genannte Begrenzung zwar heute längst durchbrochen, jedenfalls in weiten Kreisen der Industriegesellschaften. Es fehlt jedoch nach wie vor – trotz zahlreicher Einzelansätze – eine zusammenhängende ethische Theorie, die die moralische Legitimität dieser Grenzüberschreitung aus einem übergreifenden sittlichen Prinzip aufdeckt und damit neue Verhaltensstandards personal- und sozialethisch öffentlich konsequent zu vertreten erlaubt. Diese Moraltheorie ist in der Ethik personaler und sozialer Verantwortung zu suchen. Damit soll keineswegs eine neue Form der offiziellen Moralmuster und ihrer Repression verkündet werden. Man muß Verständnis dafür haben, daß immer mehr Katholiken jeder kirchlichen Steuerung auf dem Gebiet der Sexualität überdrüssig sind und sich durch niemand, auch nicht durch den Papst, in ihr persönliches Leben hineinreden lassen wollen. Aber sind sie deshalb ihrerseits persönlich aus jeder Verantwortung entlassen? Die Antwort darauf ist unzweideutig. Was jedoch heißt auf dem Gebiet von Liebe und Sexualität „verantwortliches Handeln?" Die Auskunft darüber muß der Komplexität unserer Lebenswirklichkeit gemäß bedacht werden und in ihren Begründungen auch vermittelbar sein. Es muß beispielsweise zur Sprache gebracht werden können, daß und warum verantwortlich gelebte Sexualität keineswegs uneingeschränkte Beliebigkeit des Handelnden bedeutet. Oder es ist klarzustellen, daß Verantwortungsethik ein unmißverständliches Nein dazu sagt, Menschen zu Lust- oder Ausbeutungsobjekten zu machen. Diese und ähnliche Aufgaben erfordern eine neue tragfähige Moraltheorie. Sie erst ermöglicht einen entsprechenden sittlichen Begründungs- und Sprachzusammenhang. Das Festhalten von Kirche und Gesellschaft an geschichtlich überholten Wertvorstellungen und Moral-standards führt in der Praxis zu unzähligen Konflikten und wird von den Menschen als Repression durch Herrschaft seitens der Institutionen empfunden.

3. Herrschaft durch Kirche?

Bei Verwendung des Herrschaftsbegriffs ist für das innerkatholi-sche Gespräch zunächst zu klären, ob Vokabeln wie Herrschafts-, Gewalt- und Machtausübung in der Kirche überhaupt am Platz sind. Das Sach- und Sprachproblem liegt ähnlich wie bei der Kon-fliktdiskussion. Die Gegner der Herrschaftskritik an der Kirche sehen bereits in der Wortverwendung eine unzulässige Polemik kirchenfeindlicher Geister. „Ecclesia est communio" – „Die Kirche ist Gemeinschaft" machen sie geltend, und zwar eine Gemein-schaft, in der ein grundlegend anderes Lebensprinzip walte als in allen vergleichbaren „weltlichen" Institutionen, zumal den politi-schen. Dort gehe es tatsächlich um Macht und Herrschaft bis zur Gewaltanwendung. Die Kirche aber habe ihren Grund in Christi Geist. In ihr walte daher das Prinzip Liebe, werde also alles letzt-lich vom Geist der Liebe und nicht vom Macht- oder Herrschafts-interesse geleitet. Wer ihr das letztere unterstelle, verfehle ihr in-neres Wesen, sei es nun aus Unkenntnis, aus unkirchlicher Gesin-nung oder bösem Willen. Die Kategorien von Macht und Herr-schaft seien dem Politischen entnommen. In der Kirche sei vom Gehorsam gegenüber Gottes Willen zu reden.

Der Einwand ist ernst zu nehmen, zugleich aber in seiner ver-hängnisvollen Einseitigkeit aufzudecken. Ernst zu nehmen ist er, weil er genau jene ursprüngliche Bestimmung der Kirche benennt, die sie von ihrem Herrn erhalten hat. Wer von ihr ausgeht, kann hoffen, daß sich Kirche immer mehr als jenes Miteinander von Menschen darstellt, in dem die herrschaftsfreie Sprache und Pra-xis alles trägt. So nämlich soll nach dem Willen Jesu Kirche sein: Niemand soll sich in ihr „Herr", „Vater" oder „Meister" nennen lassen oder entsprechende Geltung beanspruchen. Denn „ihr seid alle Brüder" und Schwestern (Mt 23,8ff par). Nicht Herrschaft über die anderen, sondern Dienst an den anderen trägt das neue Miteinander (Mt 23,11; vgl. Joh 13,3–16; Apg 2,42–46). Wie Jesus in seinem Wirken ganz Mensch für die anderen war, so wollte er seine Gemeinde als Kirche für die anderen, im Dienst für sie. Daß die Kirche wirklich auf dem Wege dazu bleibe, darauf hoffen Christinnen und Christen aus Glauben an die Verheißung, die ihnen durch Christus in seinem Evangelium gegeben ist.

Der neutestamentliche Gegenentwurf zu allen „politischen" Gemeinschaften hat nicht aufgehört, in der Kirchen- und Gesellschaftsgeschichte zu wirken. Aus ihm empfingen z. B. die mittelalterlichen Armutsbewegungen und viele Ordensgründungen ihre Inspiration. Aus ihm heraus hat Martin Luther seinen reformatorischen Protest gegen die mittelalterliche Kirche in ihrer damaligen Macht- und Herrschaftsverfallenheit vorgetragen und sie auf ihre eigenste Bestimmung verwiesen: Kirche habe nicht nach dem Gesetz des weltlichen Regiments zu walten, sondern Gottes Reich der Versöhnung und des Friedens in der Freiheit des Wortes zu vergegenwärtigen. Der Christenheit hat deutlich zu sein: Es ist nicht Sache der Kirche, Macht und Herrschaft in dieser Welt auszuüben. „Non vi, sed verbo", „nicht mit Gewalt, sondern durch das Wort" in seiner Kraft freier Überzeugung sollte die Gemeinde Christi ihre Botschaft vertreten: Diese ursprünglich durch Augustin (vgl. PL 3,329ff) und auch durch Thomas von Aquin (vgl. Summa theologiae II–II 10,8) vertretene Einsicht konnten die Reformatoren in neuer Weise aufnehmen und geltend machen. Nicht zuletzt an die Wirkungsgeschichte dieser Erkenntnis in der Moderne konnte das Bekenntnis des Zweiten Vatikanums zur Religions- und Gewissensfreiheit anknüpfen.

Auf die neuzeitliche Freiheitsgeschichte zu verweisen, heißt aber zugleich, ihr großes Defizit in der Kirche feststellen zu müssen. Daß Augustin und Thomas ebenso wie Luther die Vision eines neuen Miteinanders im Geist von Gottes Versöhnung und in der Freiheit seines Wortes je auf ihre Weise nicht durchgehalten haben, ist hier nicht näher zu thematisieren (weiteres bei Pfürtner 1988, Bd. I 161–166; Lecler, Bd. 1, 1965: passim; Oberman 1982, 307). Wohl aber wird dadurch die Notwendigkeit herausgehoben, ein kritisches Bewußtsein für die Macht- und Herrschaftsausübung der Kirche zu erwecken oder wachzuhalten. Eine derartige öffentliche Gewissensschärfung ist heute vor allem wieder nötig, weil die Kirchen in unseren Ländern erneut zu Institutionen mit ausgedehnter ökonomischer, sozialer, rechtspolitischer und kultureller Machtverwaltung angewachsen sind. In der Bundesrepublik Deutschland gehören sie bekanntlich zu den größten Arbeitgebern der Gesellschaft.

Diejenigen, die Herrschaftskritik an der Kirche zurückweisen, stellen sich nicht der ganzen Wahrheit über sie. Sie heben nur jene Kirche hervor, auf die aus Glauben zu hoffen ist. Sie reden nur von der „geglaubten Kirche". Sie verschweigen aber die Kirche, wie sie sich tatsächlich in Geschichte und Gegenwart immer wieder gezeigt hat: Sie stellen sich nicht der „empirischen Kirche" und ihrer oft sehr fragwürdigen – theologisch gesprochen: ihrer sündigen – Wirklichkeit und Wirkungsgeschichte. Außerhalb unseres Themenbereichs genügt es, zu verweisen auf:

– die offenkundigen machtpolitischen Ambitionen geistlicher Amtsträger in der mittelalterlichen Kirche
– auf die Geschichte der Inquisition
– auf den nachhaltigen katholischen Widerstand im 19. und 20. Jahrhundert gegen die Gewissens- und Religionsfreiheit
– auf die skandalöse Entfremdung zwischen Kirche und Proletariat sowie die einseitigen Verflechtungen zwischen Hierarchie und Besitzbürgertum in zahlreichen europäischen oder überseeischen Ländern
– auf das In- und Miteinander von kirchlicher Missionierung und Kolonialismus in den Ländern der heutigen Dritten Welt
– auf einige höchst unkollegial erfolgten Bischofsernennungen in jüngster Vergangenheit auf internationaler Ebene
– auf die (oft) repressive Behandlung kirchlicher Angestellter
– auf die undemokratische Verfügung über Kirchensteuern oder anderweitige Finanzen
– auf die doktrinäre Festlegung der ganzen Kirchengemeinschaft durch wenige aus der Hierarchie.

In alledem war das Papstamt maßgeblich einbezogen oder sogar vorrangig verantwortlich, ohne daß damit die übrige Kirche von Schuld freigesprochen werden soll.

Es muß also in der Kirche erkannt und offen bekannt werden, daß auch in ihr und durch sie ungerechte Herrschaft ausgeübt wurde und weiterhin ausgeübt wird. Die Rede darüber einfach als gegenstandslos zu erklären, heißt, sich offenkundigen historischen Tatsachen zu verschließen und sich – gezielt oder unbewußt – einer ideologischen Immunisierungsstrategie zu bedienen. Mit biblischen Worten muß dies als Verweigerung der „Metanoia", als Unbußfertigkeit bezeichnet werden. In der früheren theologischen Sprache wurde darin die größte Sünde, nämlich die „Sünde wider den Heiligen Geist" gesehen.

Kritische Wachsamkeit gegenüber ungerechter Herrschaft durch die Kirche ist jedoch nicht nur aufgrund der historischen Unrechtserfahrungen mit ihr angezeigt, sondern aufgrund ihrer Struktur als einer gesellschaftlichen Institution. Keine gesellschaftliche Einrichtung kann ohne jede Form von Machtverwaltung auskommen, muß also insofern Herrschaft ausüben. Das gilt auch von allen religiösen Sozialgebilden. Herrschaft wird inzwischen umgangssprachlich zwar weitgehend negativ als ungerechte Unterdrückung verstanden. In dieser Bedeutung ist sie rundherum abzulehnen, vor allem für die Kirche. Ist jedoch mit ihr die geordnete und gerechte Machtverwaltung gemeint, ist sie nicht grundsätzlich als böse zu disqualifizieren (Höffe 1979, 404f). Andernfalls wäre die Wahrnehmung keines Amtes, zumal keines politischen, moralisch vertretbar. Die Ausübung kirchlicher Ämter bringt somit immer auch irgendwelche Machtverwaltung und als solche Herrschaft mit sich.

Abzustreiten, daß Macht und Herrschaft in der Kirche ausgeübt werden, heißt übrigens auch, eine maßgebliche Seite des katholischen Kirchenverständnisses auszublenden oder zu leugnen. Denn Päpste und Konzilien – zuletzt das II. Vatikanum – haben vielfach betont, daß die Kirche nicht nur als eine geistliche Wirklichkeit, sondern auch als eine gesellschaftliche Einrichtung verstanden werden muß. Das letzte Konzil hat dabei ausdrücklich hervorgehoben, daß sie sich als eine derartige Einrichtung eben nicht immer in makelloser Liebe und Gerechtigkeit dargestellt hat, sondern – anders als Christus, ihr Herr – stets der Reinigung und Umkehr bedarf (Dogmatische Konstitution über die Kirche *Lumen gentium* 8). Kritische Auseinandersetzung mit der Macht- und Herrschaftsverwaltung in der Kirche ist also um ihrer selbst und ihres eigentlichen Auftrags willen unerläßlich (vgl. Concilium 3/1988: Macht in der Kirche).

25

4. Morallehre als Herrschaftsinstrument wider christliche Gewissensfreiheit
Für innerkirchlichen Pluralismus

Es besteht kein Zweifel daran, daß durch Moral (als Traditionsbestand, als Lehre und Praxis) gesellschaftliche Macht und Herrschaft ausgeübt wird. Ebenso ist unstrittig, daß eine derartige Einflußnahme unmoralisch werden, ja, geradezu die Formen von Moralterror annehmen kann. Die bedauerlichen Vorgänge in einigen Ländern des Islam, provoziert durch fundamentalistische Kreise, demonstrieren das Gemeinte. Die Hexenprozesse, aber auch die Religionskriege in der Christentumsgeschichte nötigen uns, den Balken im eigenen Auge nicht zu übersehen. Damit steht fest, daß die Kirche auch in ihrer Morallehre keineswegs integer gewesen ist. Denn die Unrechtsgeschichte ihrer Herrschaftspraxis wurde häufig durch die von ihr vertretene Ethik-Theorie legitimiert. Die Kirche ist den Gefahren, die aller Machtanhäufung erfahrungsgemäß innewohnen, keineswegs selten oder nur in belanglosen Dingen verfallen. Sollte sie in der Gegenwart vor derartigen Irrwegen wirklich gefeit sein?

Gerade im Kontext von sexualethischen Fragen hat Johannes Paul II. – wie erwähnt – die lehramtlichen Positionen als „ein einziges Ganzes, eine Art Symphonie" hingestellt, „in der jede Einzelwahrheit harmonisch mit den anderen" verbunden sei (1988 Abs. 3). Eine derartig undifferenzierte Sanktionierung der Kirchenlehre in ihrer Gesamtheit stellt den Versuch einer ideologischen Herrschaftsausübung totalitärer Art dar. Jede lehramtlich verkündete Auffassung würde damit gegen kritische Überprüfung immunisiert und die Gläubigen auf uneingeschränkten „religiösen Gehorsam" verpflichtet werden.

Daß es sich bei den genannten päpstlichen Äußerungen keineswegs nur um beiläufige Anmerkungen handelt, beweist ein weiterer Vorgang. Mit Wirkung vom 1. März 1989 wird allen, die in irgendeiner Weise mit kirchlicher Lehrverkündigung beauftragt werden sollen, ein – von der Glaubenskongregation neu formuliertes – besonderes „Glaubensbekenntnis" („Professio fidei") abverlangt. Betroffen sind davon Kardinäle und Bischöfe, Priester und Diakone ebenso wie Theologieprofessoren oder -dozenten, Laien-

Seelsorger und -Seelsorgerinnen jeweils vor ihrem Amtsantritt. Die so Verpflichteten sind nicht nur an das (nizänische) Glaubensbekenntnis gehalten, sondern nach Art dieses feierlichen liturgischen Bekenntnisses ihres Heilsglaubens auch zu „allem und jedem einzelnen, was als Glaubens- oder Sittenlehre von ihr (d.i. der Kirche, Pf.) definitiv vorgestellt wird" („...definitive proponuntur"; Congregatio pro doctrina fidei, 1989). Dazu gehöre alles vom „authentischen Lehramt Verkündete, auch wenn dieses „Magisterium authenticum" es nicht als unfehlbar erklärt hat oder zu erklären beabsichtigt (a.a.O.).

In ähnlicher Weise werden kirchliche Angestellte durch einen „Treueid" gebunden (a.a.O.). Die Forderung, derartige „Eide" abzulegen, stellt einen verhängnisvollen Rückschritt in vorkonziliare Verhältnisse dar.[1]

[1] Das katholische Lehramtsverständnis ist viel differenzierter, d.h. freilich auch komplizierter, als die breitere Öffentlichkeit im allgemeinen annimmt. So gelten selbstverständlich nicht alle Äußerungen von Päpsten oder Konzilien als unfehlbar oder als verbindlich für die Gewissen der Katholiken. Seit dem I. Vatikanum (1869/70), das die Unfehlbarkeit des Papstes zum Dogma erhob, wurde zwischen seinem „ordentlichen" und „außerordentlichen Lehramt" unterschieden. Als eine dogmatisch unfehlbare Lehre des Papstes galt nur, was dieser in Wahrnehmung seines „außerordentlichen Lehramtes" „ex cathedra" der ganzen Kirche als Dogma verkündet hat. Alle anderen päpstlichen Verlautbarungen wurden lediglich durch seine ordentliche Lehrautorität gestützt und galten nicht als unfehlbar. Unter diese Kategorie fielen auch alle Enzykliken. So war es möglich, daß die deutschen Bischöfe zu *Humanae vitae* von Paul VI. (1968) in voller Übereinstimmung mit dem katholischen Lehramtsverständnis „die verantwortungsbewußte Gewissensentscheidung der Gläubigen (zu) achten" verlangten, auch wenn diese nicht mit der päpstlichen Lehre zur Empfängnisverhütung übereinstimme (Deutsche Bischöfe 1968, Nr. 16). Ähnlich hatten sich auch andere Bischofskonferenzen geäußert. Natürlich ist dadurch eine Relativierung der päpstlichen Lehramtsautorität im Weltkatholizismus eingetreten. Um diesem Prozeß entgegenzuarbeiten, bestehen vatikanische Sprecher inzwischen immer mehr auf dem Gehorsam gegenüber dem „authentischen Lehramt" („Magisterium authenticum") von Papst und Bischöfen. Sie nehmen damit eine Formulierung auf, die das Zweite Vatikanum in den kirchlichen oder theologischen Sprachgebrauch eingeführt hat (*Lumen gentium* 25). Sie kann durchaus recht geführt und sinnvoll verstanden werden. Das geschieht jedoch nur, wenn deutlich bleibt, daß nicht alles, was dieses „Magisterium authenticum" verlauten läßt, eine Glaubens- oder Gewissenszustimmung verlangt. Vielmehr „kann und muß es auch geringere Grade des religiösen Gehorsams im Glaubensbereich geben" (Rahner 1966, 235). Ebenfalls gilt konsequenterweise, daß das „authentische Lehramt" – auch nach katholischem

Die neuerlich von Rom vertretene doktrinäre Vereinheitlichung, der disziplinäre Strafmaßnahmen für Dissidenten in bekannter Weise folgen, steht dem Geist und dem Buchstaben des II. Vatikanum diametral entgegen. Das Konzil hat sich nämlich unzweideutig dazu bekannt, „daß es eine Rangordnung oder ‚Hierarchie' der Wahrheiten innerhalb der katholischen Lehre gibt, je nach der verschiedenen Art ihres Zusammenhanges mit dem Fundament des christlichen Glaubens" (Dekret über den Ökumenismus *Unitatis redintegratio* 11). Es sind also zentrale Glaubens- und Lebensfragen zu unterscheiden von Belangen mit zweit- oder drittrangiger Bedeutung. In den ersteren ist Einmütigkeit der Christenheit unerläßlich, in den letzteren aber muß Vielfalt der Auffassungen und der daraus begründeten Lebensgestaltungen möglich sein. Durch die Totalitätstheorie, wie sie zur Zeit im Vatikan vertreten wird, entfällt die Berechtigung zu jedem Pluralismus in der Kirche. Damit wird auch jeder ökumenischen Vielfalt der Boden entzogen.

Es besteht die begründete Befürchtung, daß die offiziell vertretene Kirchenlehre demnächst auf verschiedenen Ebenen mit Instrumenten der Machtausübung, nicht zuletzt mit dem des Staats-Kirchenrechts, durchgesetzt werden soll. Die Vatikanbehörde hat sich mit den besonderen „Treueiden" ein Kirchenrechtsinstrument geschaffen; zu ihm gehören legal Zwangsmittel. Die jeweilige „Professio fidei" wird nämlich keineswegs hinreichend als „Glaubensbekenntnis" ausgelegt, sondern muß darüber hinaus als eine Art Berufseid verstanden werden. Die Kirchenleitung kann diesen auch juristisch geltend machen. Für deutsche Verhältnisse zum Beispiel ist zu beachten, daß kirchenabhängige Mitarbeiter und Mitarbeiterinnen, angefangen von Priestern und Theologen bis zu Kindergärtnerinnen oder Raumpflegerinnen an kirchlichen Ein-

Verständnis – fehlbar ist. Wiederum sind es die deutschen Bischöfe, die darauf hingewiesen haben, nämlich „auf die Tatsache, daß der kirchlichen Lehrautorität bei der Ausübung ihres Amtes Irrtümer unterlaufen können und unterlaufen sind. Daß so etwas möglich ist, hat die Kirche immer gewußt..." (Deutsche Bischofskonferenz 1967, Nr. 17). Die generelle Hörigkeit gegenüber dem „Magisterium authenticum", die die römischen Erlasse nun bis hin zum feierlichen Treueid verlangen, stehen den eben bekundeten Einsichten gründlich entgegen. Denn diese verlangen – gerade aus der Verbundenheit mit der Kirche –, daß auch in ihr nach besseren Einsichten und Praxiswegen in persönlicher Auseinandersetzung und im öffentlichen Diskurs gesucht wird. Zum „Treueid" vgl. vor allem Glaubensbekenntnis und Treueid 1990.

richtungen durch Konkordate oder andere staats-kirchenrechtliche Verträge festgelegt werden. Für sie kann ein Konflikt mit der Kirchenbehörde bekanntlich wichtige arbeitsrechtliche Folgen bis hin zur Entlassung haben. Durch die unscharfe Formulierung des Gesetzestextes wird dem Machtmißbrauch der Amtsautorität Tür und Tor geöffnet. Denn die kirchlichen Mitarbeiter werden zu einer geradezu totalen Identifikation mit Papst und Bischöfen in ihren Lehräußerungen und Leitungsmaßnahmen veranlaßt: Sie müssen sich durch den „Treueid" zur Anerkennung „aller Kirchengesetze" sowie zum „christlichen Gehorsam" gegenüber alledem verpflichten, „was die Bischöfe als authentische Lehrer des Glaubens und als Leiter der Kirche festlegen" (Glaubenskongregation 1989, 106).

Das Konzil hatte demgegenüber mit seiner Lehre von der „Rangordnung der Wahrheiten innerhalb der katholischen Lehre" ein unverkennbares Signal dafür gesetzt, daß bei grundlegenden Gemeinsamkeiten ein innerkirchlicher Pluralismus durchaus gerechtfertigt sei. Die nachkonziliaren Synoden der verschiedenen Länder praktizierten diese Auffassung. Damit wurden Wege zu einer neuen öffentlichen Streitkultur und Konfliktbewegung auch für die Kirche gesucht (Pfürtner 1972, 161–198). In den Vereinigten Staaten hat die Berechtigung eines „Faithful Dissent" im kirchlichen Miteinander eine vielseitige Anerkennung gefunden. Das vatikanische Verfahren gegen Charles E. Curran, einen herausragenden Vorkämpfer in den USA für den „glaubens-/vertrauensvollen Dissens", läßt keinen Zweifel daran, daß die derzeitige römische Administration dieses Modell des kirchlichen Miteinanders nicht will (Charles E. Curran 1986, bes. 28ff). Auch die Verfahren gegen Bernhard Häring zielten nicht zuletzt auf die Abwehr „eines sinnvollen theologischen Pluralismus in der Weltkirche" (Häring 1989, 14, Einl. von G. Licheri). Die öfter geäußerte Auffassung, nämlich daß die vatikanische Behörde wieder zur vorkonziliaren, zentralistisch kontrollierten Uniformität der Lehre und Kirchenpraxis zurückdrängt, beruht also keineswegs nur auf vagen Vermutungen oder Verdächtigungen. Kurz vor seinem Tod hat sich auch Franz Böckle öffentlich einer ähnlichen Einschätzung angeschlossen und den Fundamentalismus Roms beklagt (Böckle 1992, 26).

Das Zweite Vatikanum hat sich nicht nur zur innerkatholischen

Vielfalt in Theorie und Praxis bekannt. Es hat auch nachdrücklich die Möglichkeit oder sogar die Notwendigkeit von Reformen geschichtlich überholter oder irregeleiteter Traditionen betont. Das Konzil erklärte zunächst, daß die Kirche nicht nur heilig, sondern zugleich auch sündig und damit zur immerwährenden Buße und Erneuerung aufgefordert sei. Daraus folgerte es: „Die Kirche wird auf dem Weg ihrer Pilgerschaft von Christus zu dieser dauernden Reform (ad hanc perennem reformationem) gerufen, deren sie allezeit bedarf, soweit sie menschliche und irdische Einrichtung ist; was also etwa je nach den Umständen und Zeitverhältnissen im sittlichen Leben, in der Kirchenzucht oder auch in der Art der Lehrverkündigung – die von dem Glaubensschatz selbst sorgfältig unterschieden werden muß (sedulo distingui debet) – nicht genau genug bewahrt worden ist, muß deshalb zu gegebener Zeit sachgerecht und pflichtgemäß erneuert werden" (*Unitatis redintegratio* 5).

Setzt man die Geschlossenheit der „katholischen Wahrheit" nach den Vorstellungen von Johannes Paul II. voraus (vgl. oben 1.1), dann ist jede „Reform" der Kirche in ihren geschichtlich entstandenen Moraltraditionen, in ihrer Kirchenordnung oder Lehrverkündigung überflüssig. Ja, jedem Versuch einer Reform durch theologische Krisis wird von vornherein die Legitimation entzogen. Denn die Kirche hat dann aufgrund ihrer ganzheitlichen Integrität immer die Wahrheit auf ihrer Seite. „Die Partei hat immer Recht", lautete der Herrschaftssatz totalitärer politischer Systeme des ehemals real existierenden Sozialismus. „Wenn die Kirche etwas nachhaltig vertreten hat, kann sie sich nicht geirrt haben": Mit diesem pseudotheologischen Argument wurde Paul VI. von einer kleinen reaktionären Theologengruppe dazu bewegt, keine „Neuerungen" in Fragen der Empfängnisverhütung zuzulassen (vgl. von Gagern 1967, 128ff). Könnte etwa der Heilige Geist mehr auf seiten der anglikanischen Lambethkonferenz gewesen sein, die 1930 empfängnisverhütende Mittel bei verantwortungsbewußtem Handeln für moralisch vertretbar erklärte, statt auf seiten Pius XI., der sie in Reaktion darauf ausdrücklich verbot? (vgl. Häring 1989, 88).

An dieser Stelle wird sichtbar, daß die rechte Hermeneutik im Bereich der kirchlichen Sexualethik eng mit dem rechten Kirchenverständnis zusammenhängt. Die römischen Integralisten wehren sich – wie schon zu Zeiten des Konzils – dagegen, daß sich die Kirche einer sie richtenden größeren Wahrheit zu stellen hat. Nach ihrem Verständnis bestimmt die Kirche, wenn nicht in vielen Fällen der Papst allein, was Glaubens- und Lebenswahrheit ist. Das aber heißt letztlich, nicht Gott mit der Wahrheit seines Evangeliums steht über der Kirche, sondern die Kirche steht verfügungsmächtig über dieser Wahrheit. Damit aber wird offenkundig das theologische Fundament der Kirche zerstört, ganz abgesehen davon, daß man in Widersprüche zu historischen Tatsachen gerät. Denn diese zeigen unwiderlegbar, wie vielfältige Irrwege die Kirche in Fragen der Lebenspraxis beschritten hat, angefangen von der Staats- und Kriegsethik über die Auffassungen zur Rolle der Frau in Kirche und Gesellschaft bis zur kirchenamtlichen Sexualmoral.

Vor allem aber ist der kirchliche System-Integralismus theologisch in keiner Weise zu verantworten. Auch das katholische Kirchenverständnis kommt nämlich nicht mehr an einer grundlegenden Einsicht vorbei. Diese ist im Sinne Martin Luthers in die knappe Formel zu fassen: „Ecclesia est Creatura Verbi" – die Kirche ist eine Schöpfung von Gottes Wort (Pesch 1982, 203-212). Auch Luther hat nicht verkannt, daß „Gottes Wort nicht ohne Gottes Volk sein kann" (WA 11, 408,13), ohne das Zeugnis von „Gottes Volk" also auch nicht „Gottes Wort" in der Welt ist. Aber er hat unmißverständlich die Zuordnung zwischen beiden herausgestellt: Die Kirche „wird durch das Wort Gottes geboren, ernährt, bewahrt und gestärkt" (WA 7, 721,9). Die Kirche wurde und wird also nach christlich-theologischem Verständnis durch Gott in der Heilstat seines Evangeliums schöpferisch hervorgebracht. Sie hat sich daher durch Gottes Evangelium immer neu richten und aufrichten zu lassen. Ausdrücklich hat sich das Zweite Vatikanum zu diesem Gehorsam gegenüber Gottes Wort bekannt. „Das Lehramt ist nicht über dem Wort Gottes, sondern dient ihm, indem es nichts lehrt, als was überliefert ist, weil es das Wort Gottes aus göttlichem Auftrag und mit dem Beistand des Heiligen Geistes voll Ehrfurcht hört, heilig bewahrt und treu auslegt..." (Dogmatische Konstitution über die Offenbarung *Dei Verbum* 10). Diese Sätze sind selbstredend nicht als Ist-, sondern als Soll-Sätze zu verstehen.

Es ist kennzeichnend für den offenen oder unausgesprochenen Fundamentalismus, der sich in der katholischen Kirche vornehmlich als Traditionalismus äußert, daß seine Vertreter meist in radikaler Unbeweglichkeit am Althergebrachten in Liturgie, Lehrüberlieferungen oder kirchlichen Disziplinen festhalten. Gleichzeitig behaupten sie wider alle historisch nachgewiesenen Tatsachen nur allzu oft, daß die Kirche „immer und zu allen Zeiten" oder „unverändert und gleichbleibend" ihre Lehren und Ordnungen gegen den Ansturm von Zeitgeist und Irrtum bekannt habe. In dem Miteinander von Kontinuität und Diskontinuität aller Lebensprozesse sehen sie die Rettung der Kirche allein im ersteren, also im Festhalten am Überkommenen. Nur wer aber zugleich aus Vertrauen das Wagnis zum Wandel eingeht und Bewegung auf Neues hin, d. h. also Diskontinuität riskiert, kann vor dem Tod der Erstarrung bewahrt bleiben (Pfürtner 1991, 192ff). Das gilt nicht nur für individuelles, sondern auch für gesellschaftliches Leben.

5. Ehelehre im Wandel
Kein Gewissenszwang in Fragen der Empfängnisverhütung

Tatsächlich hat sich die Kirche, auch die römisch-katholische, keineswegs unbeweglich und unwandelbar in ihrer ganzen Geschichte verhalten. So etwas auszusprechen klingt geradezu trivial, muß aber wegen der eben genannten traditionalistischen Behauptungen doch neu betont werden. Geschichtlicher Wandel läßt sich etwa in der kirchlichen Ehe-, Familien- und Sexualmoral unzweideutig nachweisen (Pfürtner 1972, 106–134; Noonen 1969). Zum Beispiel hat das Zweite Vatikanum deutlich die frühere offizielle Lehre von der Fortpflanzung als dem „ersten Ehezweck" (finis primarius matrimonii) verändert. „Während die ältere Lehre von den ‚Ehezwecken' gewöhnlich zuerst die Zeugung behandelte und dann mehr oder weniger untergeordnet die eheliche Liebe, entschied sich das Konzil nach langen Diskussionen, zuerst die Grundverfassung der Ehe als Liebesbund zu beschreiben und so sichtbar zu machen, daß die Liebe nicht bloß subjektive Zutat zu objektiven, von Gott gesetzten ‚Ehezwecken', sondern gewissermaßen der Wurzelgrund oder Baum ist, von dem (. . .) Fruchtbarkeit erwartet werden darf" (Häring 1968, 434). Das Konzil hat sich damit endgültig von der seit Augustin herrschenden Lehre gelöst, die die Geschlechtsgemeinschaft moralisch nur dann als legitimiert ansah, wenn die Gatten sie vollzogen, um ein Kind zu zeugen (Legitimationstheorie).

Übrigens war dieser Wandel schon durch Pius XII. vorbereitet. Denn er hatte 1951 die Zeitwahl als moralisch zulässige Methode der Empfängnisverhütung anerkannt (Pius XII. 1951, 520f). Er bejahte damit grundsätzlich, daß menschliches Geschlechtsleben unter bestimmten Voraussetzungen von der Zeugung sittlich vertretbar gelöst werden könne (Pfürtner 1972, 134). Paul VI. ist von dieser Linie keineswegs abgerückt (*Humanae vitae* Nr. 16).

Es dürfte nicht von ungefähr, sondern Ausdruck für die Grundtendenz seiner Regression sein, wenn der jetzige Papst fälschlich erklärt, „Paul VI. (hat) den empfängnisverhütenden Akt als von seinem Wesen her unerlaubt bezeichnet" (Johannes Paul II. 1988, Nr. 5). Paul VI. hatte durchaus nicht jede Empfängnisverhütung abgelehnt, sondern nur bestimmte Mittel dafür. Er geriet dadurch freilich mit seiner eigenen Begründung in Widerspruch, „jeder eheliche Akt (müsse) von sich aus auf die Erzeugung menschlichen Lebens hingeordnet bleiben" (*Humanae vitae* Nr. 11).

Ebenso setzt Johannes Paul II. sich über die vom Konzil angemahnte sorgfältige Unterscheidung zwischen dem Glaubensschatz und zweit- oder drittrangigen Lehrzusammenhängen hinweg. Weil alles eine Einheit bilde, wird die lehramtliche Theorie über die Empfängnisverhütung geradezu in den Rang der biblischen Heilslehre erhoben: Was hier in Frage gestellt würde, wenn man diese Lehre ablehnt oder ihr nicht folgt, „ist der Gedanke der Heiligkeit Gottes selbst" und der Berufung der Gläubigen zum heiligen und makellosen Leben Christi (Johannes Paul II. 1988, Nr. 5).

Die Total-Sanktionierung der kirchenamtlich vorgetragenen Morallehre steht nicht nur im eklatanten Gegensatz zum Zweiten Vatikanum. Sie setzt sich auch über die vorangehende theologische Tradition im Katholizismus hinsichtlich des päpstlichen Unfehlbarkeitsanspruches mit fundamentalistischer Radikalität hinweg. Aufgrund dieser Lehramtshermeneutik, die seit dem Ersten Vatikanum zwischen fehlbaren und unfehlbaren kirchlichen Lehrentscheidungen zu trennen bemüht war (weiteres dazu bei Pesch 1973, 249–279), hat die Deutsche Bischofskonferenz in ihrer Königsteiner Erklärung vom 30. August 1968 hervorgehoben, daß auch jene Katholiken in ihrer Gewissensentscheidung zu respektieren seien, die sich nach verantwortungsvoller Verstehensbemühung der päpstlichen Lehre nicht anschließen könnten (Deutsche Bischofskonferenz 1968, Nr. 3 und 16). Einen derartigen Respekt vor persönlichen Gewissensentscheidungen in dieser Sache lehnt Johannes Paul II. offenkundig ab. Denn er macht die betreffenden Mitchristen moralisch rundweg zu Schuldigen, wenn er behauptet: „Man kann nicht sagen, ein Gläubiger hat sich sorgfältig um die Wahrheit bemüht, wenn er das nicht berücksichtigt, was das Lehramt sagt" (Johannes Paul II. 1988, Nr. 4). Er spricht ihm damit gleichzeitig das Recht ab, sich auf die Würde des Gewissens zu berufen (ebd.).

Auch hier ist dem Papst der Vorwurf nicht zu ersparen, daß er Aussagen des Zweiten Vatikanums in ihr Gegenteil verkehrt. Er selbst zitiert die Gewissenslehre des Konzils mit dessen Worten: „Das Gewissen ist die verborgenste Mitte und das Heiligtum im Menschen, wo er allein ist mit Gott, dessen Stimme in diesem Innersten zu hören ist" (Pastoralkonstitution über die Kirche in der Welt von heute, *Gaudium et spes* 16). Dieser Text sollte so offenkundig sein, daß er nicht dialektisch umgedeutet werden kann. Denn von „Gott allein" und von „dessen Stimme" ist die Rede, dem anthropologisch eine Sphäre – nämlich „das Innerste" des Menschen entspricht. Das aber heißt, daß an diese Stelle sich keine menschliche Instanz oder Macht zu setzen habe. In theologisch unverantwortlicher Weise wird jedoch von Johannes Paul II. die Kirche und die Stimme ihres Lehramtes mit Gott und seinem Wort der Wahrheit gleichgesetzt. Die päpstliche Position lautet: Nur wer das Wort der Kirche hört, vernimmt auch Gottes Wort, alles andere ist eben nicht „Stimme Gottes", sondern wird als „eigene Meinung" oder „Meinung von Theologen" gegenüber der „sicheren Lehre des Lehramtes" diskriminiert. Denn „das Lehramt der Kirche ist von Christus eingesetzt worden, um das Gewissen zu erleuchten". Wer sich in eigener Gewissensentscheidung vom kirchlichen Lehramt distanziert, dürfe sich nicht auf die katholische Auffassung über eben dieses Lehramt oder auch über das sittliche

Gewissen berufen (Johannes Paul II. 1988, Nr. 4). Ebenso argumentiert Kard. Ratzinger in der Instruktion über die kirchliche Berufung des Theologen (Glaubenskongregation 1990, Nr. 28–39).

Zugegeben, in der römisch-katholischen Tradition ist über die Beziehung von Gotteswort und Kirchenwort manches unerledigt geblieben. Soviel aber ist dabei theologisch über jeden Zweifel erhaben gewesen, daß mit Gott keines seiner Geschöpfe gleichgesetzt werden darf. Daraus folgt, daß es den fundamentalen Artikeln der Gotteslehre und der theologischen Ethik widerspricht, die Worte von Kirche oder Papst mit dem Wort Gottes gleichzusetzen und ihnen in den Gewissen der Menschen seine Verbindlichkeit zuzusprechen. Wenn der Papst nicht Gott ist und die Kirche nicht Christus, dann gilt das auch von dem konkreten Geltungsanspruch aller päpstlichen und kirchlichen Lehre und Ordnung. Aus diesem Grunde hatte Thomas von Aquin selbst dort, wo es um die Botschaft von Christus als Gottes Heil für die Menschen geht, vertreten: Wer diese Botschaft in seinem Gewissen nicht als verbindliche Wahrheit erkennt, darf ihr nicht zustimmen (Summa theologiae I–II 19,5).

Wo immer totalisierende Wahrheits- und Leitungsansprüche von gesellschaftlichen Systemen erhoben werden, resultieren daraus deren totale Herrschaftsansprüche. Entsprechendes gilt auch von religiösen Institutionen und ihren Machtträgern, ja, von ihnen in besonders sublimer Weise. Wenn Lehramtsträger für ihre Lehre bis in die Gewissen hinein einen derartigen Totalanspruch erheben, machen sie einen unbefugten und dadurch unverantwortlichen Herrschaftsanspruch der Kirche über die Gläubigen geltend. Ein Papst, der so verfährt, erneuert mit moralischen und religiösen Mitteln, die der Kirche heute zur Verfügung stehen, jenen Macht- und Herrschaftsanspruch, den Bonifaz VIII. in cäsaro-papistischer Art mit den Mitteln seiner Zeit verfolgte. Denn dieser mittelalterliche Papst war bemüht, alle politische Machtbefugnis der päpstlichen zuzuordnen und von ihr abzuleiten (Bulle *Unam sanctam* von 1302, Denziger-Schönmetzer, Nr. 873). Da nach dem Zeugnis der Schrift Christus alle Gewalt gegeben ist im Himmel und auf Erden (vgl. Mt 28,18f), folgerte er für sich als „Vicarius Christi" auf Erden: „Dem Römischen Pontifex ist schlechthin alle menschliche Kreatur unterworfen" (a.a.O. Nr. 875). Zum anderen gab er auch den

Grundsätzen seiner „theologischen" Ethik die Qualität einer Glaubenswahrheit für die Kirche: „Wir erklären und definieren, daß dies schlechthin für das Heil notwendig ist" („...declaramus, diffinimus omnino esse de necessitate salutis", a.a.O. Nr. 875). Johannes Paul II. liegt auf der gleichen Linie. Er kann zwar nicht mehr wie sein mittelalterlicher Vorgänger politische Herrschaftsansprüche über Kaiser, Könige und Fürsten geltend machen. Aber auch heute stehen ihm und der Kirche noch erhebliche Mittel der Machtausübung zur Verfügung.

Die kirchlichen Moraltraditionen werden nämlich auf eine doppelte Weise gesellschaftspolitisch wirksam. Einmal geschieht das wie bei allen Moralordnungen mit entsprechender Akzeptanz auf dem Weg ihrer entwicklungs-psychologischen Verinnerlichung. Jedes religiöse System besitzt dadurch ein in den Menschen selbst wirkendes Steuerungsinstrument von größter Tragweite. Dabei übt die Kirche nicht nur auf diejenigen ihre Einflüsse aus, die in ihrer Gewissensentwicklung direkt eine kirchliche Sozialisation erfahren. Auch die entkirchlichte oder säkularisierte Gesellschaft transportiert christliche Wertvorstellungen in vielfältig verflochtener Weise weiter, angefangen von der Ehe- und Sexualmoral bis zu den sittlichen Grundlagen ihrer Rechtsordnungen.

Zum anderen übt die Kirche durch ihre Moraltraditionen Einfluß mit Hilfe ihrer institutionellen Macht aus. Das geschieht zum Beispiel, wenn sie diejenigen, die in ihren Einrichtungen (Kirchengemeinden, Schulen, Universitätsfakultäten, Kindergärten, Krankenhäusern usf.) tätig sind, auf die Einhaltung ihrer Morallehre verpflichtet, und wenn sie Menschen mit anderen Einstellungen oder Verhaltensweisen daraus fernhält oder entfernt, und zwar mit Hilfe ihrer Rechtsmittel, ihrer Wirtschaftsmacht oder auch ihres politischen Einflusses. Dabei ist für die Bundesrepublik Deutschland zu bedenken, daß die Kirchen zu den größten Arbeitgebern gehören.

Ich bin weit davon entfernt, die gesellschaftlichen und kulturellen Einflüsse der Kirche im Laufe der Geschichte pauschal zu verurteilen oder gar zu verteufeln. Auch wenn es unmöglich ist, die positiven Einwirkungen des Christentums in der Zivilisationsentwicklung der europäischen oder außereuropäischen Völker zu quantifizieren und etwa im Vergleich zu anderen Kräften der Humanisierung im Kulturprozeß der Menschheit auszumachen: An der vielfach segensreichen Wirkung des Evangeliums Jesu Christi – und damit auch an der Botschaft der Kirche liege ich für meine Person keinen Zweifel.

Gleichzeitig ist jedoch zu verlangen, daß sich die Kirche auf ihr schuldhaftes Verhalten bei der Ausübung ihres Einflusses in Geschichte und Gegenwart prüfen läßt. Das bezieht sich nicht zuletzt auf die Verschleierung ihrer Herrschaftsinteressen unter religiösen oder moralischen Vorzeichen. Die römisch-katholische Kirche und ihre Vertreter müssen sich endlich dazu bereit finden, wie alle anderen Institutionsträger in der Gesellschaft kritisierbar zu sein und sich auf ihre Mitbeteiligung an ungerechter Herrschaftsausübung befragen zu lassen. Nur so kann die Fähigkeit zur Konfliktbewältigung in der Kirche selbst und in unserer Gesellschaft weiterentwickelt werden, ohne die ein gedeihliches Miteinander in unseren plural orientierten Gemeinwesen – auch den kirchlichen – nicht möglich ist.

Die Kirche hat wahrhaftig hinreichende Gründe, sich selbstkritisch mit ihren vielfach einseitig als Sündenmoral propagierten Sexualtheorien auseinanderzusetzen. Wieviele Gewissensängste hat sie dadurch in Menschen über Jahrhunderte hinweg bis in die Gegenwart hervorgerufen?! Hier ist besonders zu bedauern, daß die katholische Theologie die grundlegende reformatorische Unterscheidung zwischen „Gesetz und Evangelium" nicht hinreichend wahrgenommen hat. Sie unterließ es deshalb zu verdeutlichen, daß Kirche in erster Linie den Menschen Gottes Evangelium in seiner vergebungsreichen, freimachenden und aufrichtenden Kraft zu verkünden hat, anstatt diesen Gott in den Gewissen als moralisches Über-Ich nach dem Bild eines obersten, allgegenwärtigen Sittenpolizisten zu verankern. Auch wenn die Moralisierung des Evangeliums nicht eine ausschließlich katholische Versuchung darstellt, so muß ihr durch theologische Aufklärung nicht zuletzt im Katholizismus immer neu entgegengetreten werden.

6. Sexismus, Frauendiskriminierung und -unterdrückung durch die Kirche

Es kann kein Zweifel darüber bestehen, daß die Kirche in ihrer Geschichte in vielfältiger Weise Sexismus praktiziert und sich durch ihn schuldig gemacht hat. Das Wort Sexismus wird hier so verwandt, wie es in den Sexualwissenschaften und in dem von ihnen beeinflußten öffentlichen Sprachgebrauch inzwischen weitgehend benutzt wird. Sexismus – in Nachbildung von Rassismus – bedeutet dabei vor allem die ungerechte Herrschaft von Männern über Frauen aufgrund ihrer Geschlechtszugehörigkeit. Er betrifft also das Beziehungsfeld Sexualität und Macht (Metz-Göckel 1988, 989f). Ebenso wie jeder Rassismus widerspricht Sexismus offenkundig dem Schöpfungs- und Erlösungs- sowie dem Befreiungswillen Gottes. Schon im Schöpfungsbericht der Bibel wurde die Geschlechtlichkeit des Menschen als Gottes Gabe verkündet. Entsprechendes gilt von der Vielfalt der Völker und Stämme. Mit der jesuanischen Botschaft vom Anbruch der Gottesherrschaft, die eine grundlegende Herrschaftskritik damals wie heute enthält, ist die Unterdrückung durch Menschen von Menschen aufgrund ihrer Geschlechtszugehörigkeit oder überhaupt durch Sexualprivilegien unvereinbar. Für Sexismus gibt es theologisch keine verantwortbaren Gründe, welche „natürlichen" oder sozial- und kulturgeschichtlichen Argumente dafür auch immer angeboten wurden bzw. noch werden.

Ob die Erst- oder Hauptursachen der hier angesprochenen Repressionsverhältnisse in unserer Kultur-, Politik- und Sozialgeschichte auf seiten der Kirche oder der jeweiligen Gesellschaften lagen, ist schwer auszumachen (vgl. Gutting 1984, 47–90). Dafür griffen in den früheren Epochen Religion und öffentliches oder privates Leben zu sehr ineinander, als daß sie isoliert voneinander betrachtet werden können. Jedenfalls aber haben Kirche und Theologie an der Entwicklung der entstandenen Herrschaftsmuster und -instrumente maßgeblichen Anteil, und zwar nicht zuletzt dadurch, daß sie diese z. T. bis in die Gegenwart mittransportierten. Zu den Unterdrückungsmitteln gehören „theologische" Theorien in Anthropologie und Ethik zum Verhältnis von Männern und Frauen, gehören männervorrechtliche Kult- und Rechtsstrukturen der Kirche und gehört ihre dadurch gesteuerte jahrhundertelange Praxis.

In den „theologischen" Theorien ist eine tiefgreifende und vielverzweigte Diskriminierung der Frauen offenkundig. Sie ist entweder unmittelbarer Ausdruck der historisch oft vorherrschenden Leib- und Erosfeindschaft oder hängt mit ihr aufs engste zusammen. Die Quellen für die frühe Kirche bildeten dabei sowohl antikjüdische als auch -hellenistische Traditionen.

In der aristotelischen Anthropologie wurde das Weibliche biologisch als unvollkommene Ausbildung des Männlichen abgewertet. Im Sinne der bereits bestehenden Männervorherrschaft im mediterranen Raum hieß es weiter: „Das Männliche ist von Natur aus zur Leitung mehr geeignet (hegemonikóteron) als das Weibliche" (Aristoteles, Politeia I,12 1259 b2) oder: „Das Verhältnis des Männlichen zum Weiblichen ist von Natur aus so, daß das eine besser, das andere geringer ist, und das eine regiert und das andere regiert wird" (a.a.O. I,5 1254 b13f). Wenn sich auch der authentische Aristoteles bei näherem Hinsehen viel differenzierter darstellt als diese Stellen es andeuten, so sind die genannten Erhebungen oder Bewertungen doch – nicht zuletzt in der mittelalterlichen Rezeption – als Grobraster übernommen und vorrangig wirksam geworden (Pfürtner u. a. 1988 Bd. 1, 55ff).

Demgegenüber gibt das rechte Verständnis der Bibel keine Basis für sexistische Minderbewertung oder Diskriminierung der Frau her. Daß es nicht nur den Mann, sondern auch die Frau gibt, wird wahrhaftig nicht als „Unfall" im Schöpfungsgeschehen dargestellt. Vielmehr ist es ein Ausdruck des paradiesischen Reichtums, wie auch die Fülle anderweitigen Lebens auf der Erde gepriesen wird. Die Frau wird nicht als eine Art männlicher Mißbildung – wie in der hellenistischen Philosophie oder in späterer jüdischer oder mittelalterlicher Rollenzuweisung – als biologisch und sozialanthropologisch unterentwickeltes männliches Wesen betrachtet (z. B. Thomas von Aquin, Summa theologiae I 92,1 Zu 1, vgl. Pfürtner 1988, 57; Pesch 1988, 216). Um die bibeltheologische Grundlage gewinnen zu können, muß freilich geklärt werden, welche Bibeltexte „maßgeblich" sind und welche nicht. Es bedarf also der rechten inhaltlichen Auslegung oder des rechten Bibelverständnisses, also einer kritischen Bibelhermeneutik (Beinert 1987, 60ff).

Denn die männer-vorrechtlichen (androzentrischen) Traditionen, die über Jahrtausende den mediterranen und (vorder-)orientalischen Raum bestimmten, haben ihren Niederschlag eines sexistischen Patriarchalismus auch in der Bibel gefunden (Ruether 1985; Gerstenberger 1988). Selbst das Neue Testament ist davon nicht frei geblieben. In seinen Spätschriften, besonders in den Deuteropaulinen, finden sich zahlreiche Hinweise auf sexual- und frauenfeindliche Tendenzen. Sie basieren u. a. auf einer Auslegung der Schöpfungsgeschichte, in der die Frau als sinnliche Verführerin des Mannes und damit als „Einfallstor" für Teufel und Sünde angesehen wurde (vgl. Gen 3,6; 1 Tim 2,13f). Nicht zuletzt haben sich die alttestamentlichen Gesetzesvorschriften über kultische Reinheit, nach denen alle Sexualvorgänge „unrein" machten, repressiv – vor allem für die Frau – ausgewirkt. Unter anderem wurden die Priester nach verbreiteten Vorstellungen in der alten und mittelalterlichen Kirche durch sexuelle Begegnung mit ihren Frauen unrein. Sie galten damit zugleich als unwürdig, Christus, dem „Allerheiligsten" in der Eucharistie zu begegnen. Es spricht vieles dafür, daß der zunehmende Brauch der täglichen Meßfeier zur Durchsetzung des allgemeinen Priesterzölibats in der lateinischen Kirche geführt hat (Kottje 1971). Jedenfalls machte Papst Siricius unter Berufung auf alttestamentliche Gesetze über kultische Reinheit (Lev 15,12f; 1 Sam 21,5–7) auf der römischen Synode 386 geltend, daß das Geschlechtsleben den Menschen unrein mache. Er versuchte deshalb, das Leben der Priester in sexueller Enthaltsamkeit überregional für die westliche Kirche durchzusetzen (Guy 1971).

Man sage nicht, derartige archaische Sakraltabus mit der entsprechenden Kirchengesetzgebung gehörten der fernen Vergangenheit an. Pius XII. (1954, Nr. 11) und Paul VI. (1968a, Nr. 13; Pfürtner 1989, 94; s. unten 2.4) haben sich noch darauf gestützt und sie bekräftigt.

Ängste und Aggressionen gegenüber der Frau wurden so Jahrhunderte hindurch in der zölibatären Priesterschaft geschürt. Sie kamen bei Papst Gregor I. (590–604) signifikant zum Ausdruck. Er verlangte vom damals oft noch verheirateten Priester, nach der Weihe seine Frau nur „als Schwester zu lieben" und sie zugleich „wie eine Feindin zu meiden" (Dialogus IV., Cap. 11; PL 77/336).

Als Gregor VII. (Papst von 1073–1085) mit großer Schärfe das im 10. und 11. Jahrhundert verbreitete Gewohnheitsrecht des „clericus conjugatus" (verheirateter Kleriker) bekämpfte, wurden die Frauen der Priester am meisten drangsaliert. Denn sie waren es, von denen der Papst verlangte, sie zu Hörigen zu machen (Mörsdorf 1965, 1397). Nicht zuletzt waren auch vor allem die Frauen von den später einsetzenden Hexenverfolgungen betroffen.

Man geht in der Annahme kaum fehl, daß dieser geschichtlich entwickelte sozialpsychologische Angst- und Abwehrmechanismus gegenüber der Frau in der zölibatären Priesterschaft unserer Kirche bis heute weiterwirkt. Denn warum hat die Kongregation für den Gottesdienst noch 1970 in ihren „Liturgicae instaurationes" zur Liturgiereform „gemäß den überlieferten liturgischen Normen der Kirche es Frauen nicht erlaubt, dem Priester am Altar zu dienen"? (AAS 62 (1970), 699ff; hier: Nr. 7) Und warum wird neuerlich vom Vatikan die Einhaltung der Verordnung besonders für Ministrantinnen wieder angemahnt?

Auf dem Hintergrund dieser kirchenpolitischen Regression ist es sehr zu begrüßen, daß – aber auch wie – der Bischof von Limburg, Franz Kamphaus, in seinem österlichen Hirtenwort 1989 („Frauen in der Kirche – Schwestern im Glauben", Limburg 1989) die Gleichberechtigung von Mann und Frau in Kirche und Gesellschaft ausdrücklich zum Thema macht. Er bringt darin auch offen das kirchliche Defizit in Geschichte und Gegenwart zur Sprache („Verirrungen und Schuld brauchen wir nicht zu leugnen; das Evangelium trägt uns auch in unserem Versagen". A.a.O., 12). Der in seinem Auftrag gedruckte Text spricht sich gegen die Folgen der archaischen Sakraltabus deutlich aus, die immer noch in unserer Kirche Befremden auslösen, „wenn Frauen die heilige Kommunion austeilen oder Mädchen als Meßdienerinnen ihren Dienst tun" (a.a.O., 64). Es ist zu wünschen, daß die Deutsche Bischofskonferenz sich diese ersten behutsamen Bemühungen zur kultischen Gleichstellung der Frau zu eigen macht und sie solidarisch auch gegenüber den vatikanischen Behörden vertritt. Ähnliches gilt auch für die weitere Entwicklung der päpstlichen Soziallehre. Diese weist zwar deutlich einen Trend zugunsten der Gleichberechtigung der Frau auf, wird aber schnell ambivalent oder zweideutig, wenn es um innerkatholische Belange geht.

Man sage nicht, bei der Kultordnung handle es sich um eine Lappalie im innerkirchlichen Leben. Die Geschichte hat erwiesen, daß Kult und Kultur in den Religionen – und durch sie in den Entwicklungen der Völker – in engster Weise verknüpft waren. Auch heute – trotz gesellschaftlicher Säkularisierung – wirken kirchliche Wertvorstellungen und Achtungsverteilungen noch in die weitere Öffentlichkeit. Wo die Kirche in ihrem eigensten Bereich, dem Kultleben, sich nicht zur paritätischen Würde zwischen Mann und Frau bekennt und weiterhin der Frau die gleiche Achtung verweigert, kann sie kein glaubwürdiges Zeugnis für die – von Johannes Paul II. eindringlich geforderte – „Zivilisation der Liebe" ablegen.

Das Gesagte ist nicht zuletzt auf die Zulassung der Frau zur Priesterweihe anzuwenden. Es sei nicht bestritten, daß der schon jetzt bestehende Rahmen der Frau in der Kirche manche öffentliche Tätigkeit und achtenswerte Stellung ermöglicht – ein Rahmen, der nicht im entferntesten ausgeschöpft ist. Dennoch ändert das nichts an dem Grundbefund der strukturellen Ausgrenzung der Frau aus dem kirchlichen Amt mit allen daraus entstehenden Folgen. Eine Kirche, die sich hierarchisch verfaßt versteht, eröffnet nur denjenigen die Möglichkeit, an der vollen Führungsverantwortung teilzunehmen (soziologisch gesprochen also zur rechtlich legitimierten Herrschaftselite zu gehören), die in die Hierarchie aufgenommen sind. Durch die Ausgrenzung der Frau vom Kultamt werden somit die Hälfte aller Kirchenmitglieder aufgrund ihres Geschlechts grundsätzlich von der Möglichkeit ausgeschlossen, gleichberechtigt in die Leitungs- und Entscheidungsvollmacht der Kirche einzutreten. Darin liegt offenkundig ein sexistischer Tatbestand. Er ist Ausdruck unverantwortlicher männlicher Sakralherrschaft. Durch die männer-vorrechtliche Geschichte hat die Kirche sich an der damit gegebenen Rechtsungleichheit gegenüber der Frau gründlich schuldig gemacht. Was Bischof Kamphaus immer wieder „in den letzten Jahren im Gespräch gerade von jüngeren Frauen gehört hat", trifft mit analytischer Schärfe die Herrschafts- beziehungsweise die Unterdrückungsverhältnisse: „Wir sind in der Kirche ja doch nicht ernsthaft gefragt. Wir dürfen die Kirche putzen und für die Caritas sammeln, bei Sitzungen den Kaffee servieren und die Texte tippen. Mitreden und mitentscheiden dürfen wir nicht... In Liedern, Gebeten und Predigten kommen in der Regel nur die Söhne, Brüder und Väter vor. Wir fühlen uns ausgeschlossen" (a.a.O., 9f).

Die Bischöfe sind durch ihr Hirtenamt für ihre Gemeinden und die darin Unterdrückten dazu aufgerufen, die Beseitigung der strukturellen Rechtsungleichheit und Minderachtung der Frau in der Kirche zu ihrer eigenen Sache zu machen, und zwar sowohl in ihrer Bistumsleitung als auch in ihrer Mitverantwortung auf überregionaler Ebene. Man muß sich klar darüber sein, daß hier sehr langfristige Prozesse ins Auge zu fassen sind, besonders was die Priesterweihe der Frau angeht. Aber gerade deshalb hat in der Kirche gleichmäßig und nachhaltig theologische Aufklärung mit dem Ziel eines neuen, dem Evangelium entsprechenden Bewußtseins stattzufinden. Zu diesem Zweck ist die freie innerkirchliche Diskussion sowie der offene theologische Diskurs unerläßlich. Die „Erklärung zur Frage der Zulassung der Frauen zum Priesteramt" seitens der Glaubenskongregation (AAS 69 (1977), 98–116) und ähnlich lautende nicht unfehlbare Äußerungen anderer Lehramtsträger dürfen nicht das letzte Wort zur Sache bleiben.

Die theologische Auseinandersetzung kann hier nicht ausführlicher stattfinden. Soviel aber ist zu sagen: Kritisches Urteilsprinzip für den Konfliktbereich sowohl in grundsätzlicher als auch in praktischer Hinsicht hat Gottes Heilswort und -handeln an den Menschen in Jesus Christus zu sein. In Christus aber gibt es keine unterschiedliche Dignität zwischen Mann und Frau, so wie es diese nicht zwischen Juden und Heiden oder zwischen Freien und Sklaven gibt. Was in der Schöpfungsgeschichte (Gen 1,27) vorbereitet war, hat Paulus im Brief an die Galater (3,28) in die Mitte des sozialtheologischen Ethos für die christliche Gemeinde gerückt. Wenn aber Gott Mann und Frau in gleicher Weise bejaht, dann gibt es keinen Grund, in der Kirche diese Zuwendung Gottes zu verkürzen. Eine derartige Verkürzung ist aber – mit zahlreichen Folgen in der Geschichte der Christenheit – geschehen. Aus der Minderbewertung, Rechtsbenachteiligung oder gar Diskriminierung der Frau einen positiven Traditionsbestand zu machen, der auf das Wirken des Heiligen Geistes zurückzuführen ist, um so die überkommene Vorrechtsstellung des Mannes zu verteidigen, kann wahrhaftig nicht theologisch begründet werden.

Die männliche Vormacht weiter strukturell festzuschreiben, widerspricht nicht nur Gottes Evangelium mit seiner – von unvertretbaren Herrschaftstraditionen – befreienden Gerechtigkeit, sondern zugleich auch dem vernünftigen Rechtssinn, wie er sich zur Frauenfrage sowohl in der Arbeiterbewegung als auch in der humanistischen Tradition der Aufklärung herausgebildet hat. Die Lehrentwicklung, die die katholische Soziallehre seit der Enzyklika von Johannes XXIII. *Pacem in terris* (1963) zur Frage der Gleichberechtigung von Mann und Frau in allen häuslichen wie öffentlichen Belangen genommen hat, ist deshalb von wegweisender Bedeutung (Pfürtner 1988b). Die deutschen Bischöfe haben mit Klarheit das Resumée daraus als sozialethischen Grundsatz gezogen: „Deshalb müssen alle noch vorhandenen, sich fälschlich auf die Verschiedenheit stützenden Diskriminierungen und Rechtsungleichheiten der Frau in Kirche und Gesellschaft überwunden werden" (Deutsche Bischofskonferenz 1981, 16).

Wer zur Verteidigung der alten Kult-Vorherrschaft des Mannes in den christlichen Traditionen meint, sich darauf berufen zu sollen, daß Christus nun einmal ein Mann gewesen und nur Männer zu Aposteln berufen hat, muß sich befragen lassen, wie er diese seine Bibel- und Geschichtsauslegung mit dem kritischen Prinzip von der gleichen Würde – und Heilsbedürftigkeit aller – nach Gal 3,28 vereinen will. Wie will er sich zudem dem Wort des Apostels stellen, der unmißverständlich hervorhob: „Darum beurteilen wir von jetzt an niemand mehr dem Fleische nach; und wenn wir auch einst Christus dem Fleische nach beurteilt haben, so urteilen wir jetzt nicht mehr so. Wer in Christus ist, ist ein neues Geschöpf. Das Alte ist vergangen. Siehe, Neues ist geworden" (2 Kor 5,16ff). Jesus von Nazaret hat selbst unmißverständliche Zeichen für den Aufbruch dieses „Neuen" gesetzt, indem er das mosaische Gesetz des damaligen Judentums in vielen seiner frauenfeindlichen Anordnungen sprengte. Schließlich muß in der theologischen Diskussion die historische Tatsache bedacht werden, daß das heutige sakramentale Priestertum mit der hierarchischen Amtsstruktur der Kirche seinen authentischen Ursprung nicht in den neutestamentlichen Gemeindeordnungen hat, sondern Sache einer späteren Kirchenordnung ist. Wenn der Ausschluß der Frau vom Priesteramt mit einer so schwerwiegenden Rechtsbenachteiligung für sie verbunden war und ist, gehört diese Kirchenordnung zu jenem Traditionsbestand, von dem das II. Vatikanum forderte, er müsse der Reform unterzogen werden (Ökumenismus-Dekret Nr. 5).

In diesem Prozeß sollte auch besonders auf jedes konfessionalistische Prestige-Denken verzichtet und statt dessen in ökumenischer Offenheit auf die Erfahrungen zurückgegriffen werden, die die reformatorischen Kirchen inzwischen bereits mit weiblichen Ordinierten machen konnten. Trotz der erst kurzen Phase, in der hier die neue Kirchenpraxis Eingang gefunden hat, läßt sich schon heute sagen, daß der Kirchengemeinschaft durch die paritätische Beteiligung der Frau im Amt ein ergänzender Reichtum mit großer Zukunft zugewachsen ist. Aus seelsorgerlicher Verantwortung ist im kritischen Rückblick zu fragen, warum die Christenheit sich Gottes Schöpfungsreichtum und der Vielfalt seiner Geistgaben über Jahrtausende hinweg durch die Ausgrenzung der Frau aus dem Kirchenamt verschlossen und dieses ganz einseitig zur Männersache gemacht hat.

Entsprechendes gilt für die Entwicklung der theologischen Lehre in der Universitäts- oder Hochschulorganisation. Da auf diesem Gebiet auch für die römisch-katholische Tradition keine „dogmatischen" Hindernisse bestehen, sollten die Bischöfe und die verantwortlichen Hochschulgremien alles tun, um die Berufungsmöglichkeit auf Lehrstühle wirklich paritätisch für Mann und Frau zu gestalten. Das verlangt sowohl die Änderung gewisser Rechtsverhältnisse als auch bestimmter Berufungspraktiken. Dabei muß die Heranbildung weiblicher Hochschulkräfte der besonderen Aufmerksamkeit und Förderung durch die Verantwortungsträger in Theologie und Kirche unterliegen.

Nur wenn die Kirche auf diesen eigenen Zuständigkeitsgebieten ihren Gerechtigkeitssinn und ihre neutestamentliche Solidaritätsgesinnung der Frau gegenüber unter Beweis stellt, wird sie im Sinne von Papst Johannes XXIII. die „Zeichen der Zeit" verstehen und kann sie weltweit der Gesellschaft ein Zeichen von Gottes neuer Gerechtigkeit setzen. Zur Zeit gehen ihr hier politische Gremien oder Institutionen bisweilen eher voran.

II. Der Skandal des Pflichtzölibats

1. Das Ausmaß der Verwirrung

Die scharfe Sprache des Titels wurde nicht unbedacht oder aus antiklerikalem Affekt gewählt. Sie ist um der schwerwiegenden Sache willen nötig. Anders wird die verkrustete Selbstverständlichkeit nicht aufgebrochen, in der viele im Katholizismus mit dieser fragwürdigen Institution immer noch umgehen. Sie verlangt eine ebenso unmißverständliche wie herausfordernde Auseinandersetzung. Sie verlangt öffentliche Sensibilisierung und die Entstehung eines breiten Gegenbewußtseins.

Der Pflichtzölibat in seiner historischen Entstehung, in seiner geschichtlichen Praxis und in seiner Auswirkung bis in die Gegenwart stellt nämlich einen Skandal von unüberschaubarem Ausmaß dar. Auf den ersten Blick scheint es sich zwar nur um einen Randbereich kirchlicher Herrschaftsausübung zu handeln, unter dem nur ein kleiner Bevölkerungsanteil, vornehmlich der Klerus selbst, zu leiden hat. Bei näherer Prüfung aber läßt sich zeigen – und dieser Aufweis soll hier geführt werden –, daß der Pflichtzölibat ein zentrales Steuerungsinstrument kirchlicher Machtverteilung und -ausübung mit kaum überschaubaren Vernetzungen unheiliger Herrschaft und entsprechenden Unterdrückungen bildet.

Um jedoch keine Mißverständnisse aufkommen zu lassen, sei von vornherein betont, daß sich die Stellungnahme keineswegs gegen diejenigen richtet, die sich zum ehelosen Leben „um des Himmelreiches willen" etwa im Sinne von Mt 19,12 aufgerufen fühlen und dieses Leben – selbst im bisherigen institutionellen Rahmen – entsprechend zu gestalten bemühen. Hier wird nicht gegen die charismatische Berufung zur Ehelosigkeit als einer unter anderen möglichen Formen christlichen Lebens das Wort geredet. Im Gegenteil, es geht nicht zuletzt darum, diesem charismatischen Lebenszeugnis vieler Mitchristen und -christinnen wieder seine evangelische Glaubwürdigkeit in Kirche und Gesellschaft zurückzugewinnen. Ebensowenig soll der Pfarrer oder „Priester als Gemeindeleiter, der selbst das schwächste – und rechtlich betrachtet – schutzloseste Glied in der Kette der kirchlichen Hierarchie ist, hier diskreditiert werden. Vielmehr geht es darum, nach einer Gestalt des priesterlichen Dienstes zu suchen, die dem neutestamentlichen Paradigma der Gemeinschaft der Schwestern und Brüder Jesu gerechter wird und ihm einen effizienten Dienst in der Gemeinde ermöglicht" (Hoffmann 1987, 346).

Grundvoraussetzung dafür aber ist, daß das Priesteramt vom Pflichtzölibat gelöst wird und das ehelose Leben „um des Himmelreiches willen" wieder wie in der Epoche der frühen Kirche ohne institutionellen Zwang gelebt werden kann. Wer sich für das zölibatäre Leben entscheidet, muß in seiner Wahl wirklich frei sein und muß auch frei bleiben, seine Entscheidung aufrechtzuerhalten oder gemäß neuer Lebensentwicklungen zu verändern. Es ist geradezu eine Farce der ursprünglichen Sinngebung, wenn jemand durch die kirchlichen Pressionen dazu genötigt wird, eine religiöse Lebensentscheidung nach Außen hin vorzutäuschen, hinter der er innerlich längst nicht mehr steht. Hier ist der Grundsatz der Scholastik in Erinnerung zu rufen: „Corruptio optimi pessimum" – Das Beste wird zum Schlechtesten, wenn es korrumpiert wird. Religion will in Freiheit gelebt werden, soll sie sinnvoll und glaubwürdig sein. Ehelosigkeit um des Himmelreiches willen ist zu sehr Ausdruck religiöser Berufung, als daß sie anders denn als ein Zeugnis in Freiheit geschieht.

Dieser Freiheit steht die kirchliche Gesetzgebung sowie die praktizierte Kirchendisziplin von Grund auf entgegen. Dadurch, daß die persönliche Berufung für Einzelne durch Kirchengesetz zur Pflicht eines ganzen Berufsstandes geworden ist und mit entsprechenden Sanktionen abgesichert wird, zerstört die Kirche die Voraussetzungen von Freiheit. Sie nimmt dem Charisma der freiwilligen Ehelosigkeit die Glaubwürdigkeit und damit auch seine gesellschaftliche Leuchtkraft.

Der Zölibat darf auch nicht dadurch verfremdet werden, daß seine Übernahme mit Prämien bedacht wird. Eben dies aber geschieht derzeit. Denn die Zuteilung hierarchischer Ämter winkt nur für die, die sich ihm unterwerfen. Was das vielfach an negativer Auswahl unter den heutigen Theologiestudenten bedeutet, ist Eingeweihten bekannt. Ebenso ist es unvertretbar, daß nur diejenigen in ihrem Priesteramt bleiben können, die den Zölibat – wenigstens dem äußeren Anschein nach – wahren. Alle anderen werden ihres Berufes beraubt, was ihnen nicht nur ihre gesellschaftliche Stellung, sondern auch ihre ökonomische Sicherung nimmt, ihnen also ein Berufsverbot auferlegt. Nicht zuletzt deshalb gehört die Abweichung vom Zölibatsgebot bei Priestern zu ihren bestgehüteten Geheimnissen. Selbst engsten Freunden vertrauen sie sie oft nicht an. (Sipe 1990, 4 u. 73). Damit ist die Freiheitlichkeit des zölibatären Lebens zutiefst bedroht.

Unzählige Lebenskonflikte in Geschichte und Gegenwart beweisen das Gesagte. Es handelt sich bei den Betroffenen keineswegs nur um eine Minderheit im Vergleich zum weitaus größeren Anteil der Kleriker, die in der Kirchendisziplin bleiben. Diejenigen, bei denen ein Bruch mit den übernommenen Verpflichtungen offen zutage tritt, bilden vielmehr nur „die Spitze eines Eisberges". Ja, das kirchliche Gesetz trägt seiner Natur nach einen seelisch und sozial tiefgreifenden Dauerkonflikt in die Gruppe der Kleriker hinein und stellt ihre persönliche wie soziale Identität bleibend in Frage.

Die unerledigte Dauerkrise mit der eigenen Sexualität mag zwar von den Einzelnen je nach Lebensalter oder -situation unterschiedlich empfunden und verarbeitet werden. In irgendeiner Form bleibt sie jedoch – oft bis ins hohe Alter – wirksam. Es ist also keineswegs nur eine mehr oder weniger zufällige Sache von „Ausnahmefällen", die aufgrund einer überstarken Triebveranlagung oder eines psychopathologischen Befundes aus der übernommenen „Rolle" herausfallen. Vielmehr ergibt die Analyse des Beziehungsgeflechtes zwischen gesetzlicher Norm und menschlicher Wirklichkeit in diesem Kontext, daß der Klerikerstand umfassend von der genannten Identitätskrise betroffen ist. Diese Krise geht zunächst das Verhältnis der meisten Priester und Bischöfe zu ihrer eigenen Sexualität an; sie prägt sodann ihr Verhältnis zur Sexualität in ihrer gesellschaftlichen Relevanz, z. B. in der Moralerziehung, in der Beziehung zur Frau oder zu Frauenfragen; schließlich stellt sie sich als eine (oft lebenslange!) Gewissensangst und Gewissenslast der Einzelnen vor ihrem Gott dar.

2. Das einschlägige Kirchengesetz
Die Kluft zwischen Norm und Wirklichkeit

Das Gesagte wird einsichtig, wenn man das kirchliche Gesetz zum Sachverhalt ansieht. Es lautet: „Die Kleriker sind gehalten, vollkommene und immerwährende Enthaltsamkeit um des Himmelreiches willen zu wahren; deshalb sind sie zum Zölibat verpflichtet..." – (CIC 1983, Can. 277 § 1).[1] Damit ist zunächst definiert, was Zölibat kirchenrechtlich meint. Gleichzeitig wird dieser gemäß der Definition als gesetzliche Lebensnorm festgestellt. Das Kirchenrecht verlangt also von den Klerikern „die vollkommene und immerwährende Enthaltsamkeit". Nach der moraltheologischen und kirchenrechtlichen Sprachtradition heißt das, die Kleriker haben sich jedweder sexuellen oder erotischen Aktivität sowie jeder freigewollten oder frei zugelassenen Lusterfahrung zu enthalten. Sie haben praktisch, wollen sie das übernommene Gesetz erfüllen, wie asexuelle Wesen zu leben.

Alle Verstöße dagegen gelten als „schwere Sünde". Dabei wurde vor noch nicht langer Zeit die Theorie lehramtlich vertreten, daß es bei Sünden im Geschlechtsbereich keine „materia levis" gäbe, also gleichsam keine Belanglosigkeiten. Jede freiwillig zugelassene Lustphantasie oder Lusterfahrung außerhalb der Ehe, auch die eigene lustvolle Körpererfahrung oder Befriedigung, sind danach als schwerwiegend unmoralisch einzustufen (Prümmer 1940 Bd. II, Nr. 682; Meier 1966). Das vorkonziliare Kirchenrecht machte noch den besonderen Grad der sexuellen Sünden deutlich. Es erklärte die Vergehen gegen die zölibatäre Keuschheit zum Sakrileg (CIC 1917/1951: Can. 132 § 1) und gab den Klerikern detaillierte Anweisungen, um persönlichen Anfechtungen zu entgehen

---

[1] „Continentia" – Enthaltsamkeit – wird hier ohne Umschweife auf das Sexualleben angewandt. Die Sprachpraxis ist nicht unbedenklich, da auch auf anderen Lebensgebieten Enthaltsamkeit geübt werden kann und muß. Die lateinischen Begriffe für „Pflicht" oder „verpflichtet" sind „obligatio" oder „obligatione tenentur". Warum der neue Codex pauschal von „den Klerikern" spricht und damit auch verheiratete Diakone einbezieht, ist unersichtlich. Letztere sind inzwischen durch denselben Codex auch in der römisch-katholischen Kirche als Kleriker zugelassen (Can. 281 § 3; 1031 § 2). In dieser Hinsicht hat der alte CIC klarer zwischen „Clerici majores" und „Clerici minores" unterschieden. Nur die ersteren waren zum Zölibat verpflichtet (CIC 1917, Can 132, § 1 u. 2).

sowie kein öffentliches Ärgernis zu erregen: Sie dürften keine alleinstehenden Frauen besuchen, besonders nicht solche, denen irgendwie ein schlechter Ruf anhing oder auch nur anhaften konnte; sie durften keine jüngere Frau als Haushälterin haben, es sei denn, sie waren eng mit ihr verwandt (vgl. a.a.O. Can. 133 § 1–3). Jeder, der sich trotz Ermahnung seines kirchlichen Oberen nicht an diese Disziplin hielt, galt ipso facto als „Konkubinarier" (a.a.O. § 4). Auch muß das Gesetz für Kleriker, nur in einer sie öffentlich kennzeichnenden Kleidung auszugehen (a.a.O. 136 § 1), nicht zuletzt als Schutzmaßnahme zugunsten ihres zölibatären Standes verstanden werden.

Zu welchen geradezu skurril anmutenden Auswirkungen diese verstellten Lebensbeziehungen zur Sexualität bisweilen führten, läßt sich an Verordnungen in Rom ablesen, die in der „heiligen Stadt" bis zum Konzil für die Kleriker galten: Sie durften an den Stränden von Ostia in der Sommerzeit nicht baden gehen; ihnen war der Besuch von öffentlichen Kinos verboten; die Kirchenbehörde veranlaßte für sie extra Filmvorführungen; wenn es darin aber zu irgendwelchen erotischen Liebesszenen kam, wurden diese kurzerhand ausgeblendet. Zugegeben, derartige Ordnungen und Praktiken wurden von vielen Betroffenen mit Heiterkeit quittiert oder umgangen. Wenn man jedoch bedenkt, in welchem internationalen Ausmaß dieses Kirchenzentrum theologische Ausbildungsstätte für die katholische Welt war, wenn man weiter bedenkt, wie zentralistisch Rom seine eigenen Erfahrungen, Ansichten und Praktiken weltweit, und zwar gerade im Bereich der Klerikererziehung, auszudehnen bemüht war – und weiterhin bemüht ist –, dann wird man die Maßnahmen nicht mehr bagatellisieren können. Vor allem aber wird an derartigen Disziplinen das ganze Ausmaß an Angst, an Überbewertung und an Fixierung auf den Bereich des Sexuellen nach Art einer kollektiven Neurose sichtbar, die vielfach mit der zölibatär-klerikalen Mentalität transportiert wird.

Man braucht nur zu einem Handbuch der vorkonziliaren Epoche in Sachen Moraltheologie zu greifen – Lehrbücher dieser Art waren oft mit zahlreichen Auflagen in aller Welt verbreitet – um etwas von dem sexualfeindlichen Syndrom zu vernehmen: „Die Materie des sechsten und neunten Gebotes (d. h. zum Sexualleben, Pf.) ist ausgedehnt, besudelt, pestilenzialisch; sie wütet nicht nur zur Zerstörung der Körper sondern auch der Seelen; sie ist sehr schwierig zu erklären, nicht etwa deshalb, weil es schwer ist, ihren Widerspruch zum vernünftigen und göttlichen Sittengesetz aufzuzeigen, sondern weil sie derart anzüglich, derart schändlich ist, daß sich kaum Worte darüber finden lassen, ohne daß die Zunge, der Geist und die Ohren davon besudelt werden" (Prümmer 1940 II, Nr. 680; Originaltext lateinisch, Übersetzung Pf.). Wenn sich derartige Sprachverirrungen gegenwärtig auch kaum mehr in der katholischen Literatur finden, die Kleriker haben das Kirchengesetz zum Zölibat nach wie vor im Sinne totaler Versagungspflicht zu verinnerlichen. An diesem Gesetz haben sie sich immer dann zu messen, wenn sie ihren Priesterberuf ernst nehmen. In ihrer Moralerziehung oder durch spirituelle Weisungen werden die Priesteramtskandidaten aufgerufen, sich das Kirchengesetz zu eigen zu machen, also „die vollkommene und immerwährende Enthaltsamkeit um des Himmelreiches willen zu wahren". Daraus aber muß ein bleibender Konflikt für sie zwischen Norm und Wirklichkeit entstehen. Oder geben die wirklichen Verhältnisse eine günstigere Auskunft?

Über die tatsächlichen Einstellungen und Verhaltensweisen der Kleriker im geschlechtlichen Leben liegen im deutschsprachigen Raum bis heute leider keine hinreichenden sexualwissenschaftlichen Untersuchungen vor. Zwar wurde in den fünfziger Jahren, als derartige Forschungen zu anderen Gesellschaftskreisen und -schichten weltweit begannen, von Jakob Crottogini eine damals beachtliche Studie vorgelegt (Crottogini 1955). Sie vermochte jedoch so gut wie keine öffentliche Wirkung zu entfalten, weil der Verlag sie auf Drängen der Kirchenbehörde aus dem Buchhandel ziehen und einstampfen mußte.

Demgegenüber löste das Holländische Pastoralkonzil mit seiner Forderung nach voller Freiwilligkeit des Zölibats eine breitere Diskussion Anfang der siebziger Jahre aus. In diesem Zusammenhang fand über das Leben des Wiener Klerus eine sozialwissenschaftliche Untersuchung statt; sie versuchte zu Recht die Zölibatsfrage im Rahmen der gesamten Berufs- und Lebensbeziehungen der Priester anzugehen. Die Autoren, die die Ergebnisse auswerteten, gaben jedoch gleich zu Beginn an, daß „bei der Instrumentalisierung des Fragebogens auch kirchenpolitische Überlegungen (etwa in der Zölibatsfrage) berücksichtigt (...) und Begrenzungen in Kauf genommen" werden mußten (Zulehner u. Graupe 1970, 15). Im Klartext heißt das, sie mußten „aus kirchenpolitischen Überlegungen" auf deutliche Aufhellung der sexuellen Verhaltensweisen und damit auch der tatsächlichen Einhaltung des Zölibatsgesetzes schon in der Erstellung der Fragebögen verzichten. Es kamen nur allgemeine Einteilungen nach groben Rastern zustande wie: „Sehen Sie den Zölibat als a) Hilfe, b) weder – noch c) Belastung an?" (a.a.O., 103). Immerhin trat dabei noch zutage, daß mehr als die Hälfte des jüngeren Klerus im Zölibat entweder keine Hilfe oder sogar eine Belastung für sich sah. Auch bei den Priestern mit 30–35 Berufsjahren sahen noch 28% keine Hilfe und 6% eine Belastung in dieser Institution (a.a.O.).

Im gleichen Zeitraum wurde eine umfangreiche Studie per Fragebogen – unter strikter Wahrung persönlicher Anonymität – bei allen Schweizer Priestern durchgeführt. Auch hier verzichteten die Autoren (aus welchen Gründen auch immer) auf die Erhebung des tatsächlichen sexuellen Verhaltens und beschränkten sich auf die Einstellungen zum Zölibat. Diese freilich wurden aus vielen Perspektiven des beruflichen Beziehungsgeflechtes befragt. Der Pastoraltheologe Alois Müller, von der veranlassenden „Kommission Bischöfe-Priester" mit der Darstellung und Erläuterung der Ergebnisse beauftragt, faßte diese so zusammen: „1. Die Schweizer Priester leben nach eigenen Angaben zu einem kleinen Teil in akuten schweren Zölibatskrisen... 2. Der Schweizer Priester hat den Zölibat von seinen werthaften Aspekten her sehr stark internalisiert, d. h. diese zu seiner eigenen Einstellung gemacht. Er lebt nicht auf Kriegsfuß mit dem Zölibat... 3. Die objektive Zölibatseinstellung der Schweizer Priester entspricht nicht einmal bei der älteren, geschweige denn bei der jüngeren Hälfte der offiziellen Norm, wie sie etwa in der Enzyklika ‚Sacerdotalis Caelibatus' vom Jahr 1967 festgelegt ist. Kein Ja zur Verpflichtung des Zölibats ist so klar wie das Ja zur Weihemöglichkeit für erprobte verheiratete Männer... 4. Verschiedene relative Unebenheiten in den Stellungnahmen lassen den Schluß zu, daß es den Schweizer Priestern nicht gelungen ist, in völliger Unbefangenheit zu antworten. Zwischen Vorsatz und Vorsicht sind vermutlich noch einige Tabellenprozente anzusiedeln. Priester sprechen untereinander nicht über die subjektiv-persönliche Seite oder Problematik ihres Zölibats. . . Jeder äußert sich lieber ‚objektiv‘ oder über andere, als über sich selbst. . . Die Weltpriester befürworten und kritisieren zu je 43% das Weiterbestehen ihrer Zölibatsverpflichtungen" (Müller 1974, 79). – Crottogini hatte in seiner zitierten Auswertung angegeben, daß von den befragten Schweizer Theologen 69,4% durch die Auseinandersetzung mit Sexualität und Zölibat in ernste Berufskrisen gerieten (Crottogini 1955, 219).

Inzwischen liegt eine umfassende empirische Studie über die Priesterschaft in den Vereinigten Staaten vor. Sie ist in New York 1990 veröffentlicht. Die internationale Presse hat darüber berichtet (Reuter; Frankfurter Rundschau vom 14. 8. 90). Danach leben nur zwei von hundert katholischen Priestern in den USA in vollem und reifem Umfang den Zölibat; weitere 8% hätten eine gewisse Konsolidierung ihrer Lebensweise erreicht. 50% praktizieren irgendwelche Formen des Sexuallebens, 10% homosexuell, zwanzig von Hundert leben in einer festen Beziehung zu einer Frau (Sipe 1990, 263ff). Die Untersuchung erstreckte sich auf 1500 Personen im Zeitraum von 1960–1985. Die Angaben sind abgerundet. Die Befunde sind – wie stets bei derartigen sozial-empirischen Studien – nicht einfach auf europäische Verhältnisse übertragbar. Aber man wird auch für sie voraussetzen können, daß der Klerus in seinen sexuellen oder erotischen Bedürfnissen und Antriebsenergien im wesentlichen keine Ausnahme-Gruppe im Vergleich zum übrigen Anteil der männlichen Bevölkerung darstellt. Was sich hier an autoerotischen, an hetero- oder homosexuellen Neigungen mit entsprechenden Triebstrukturen findet, betrifft auch die Kleriker. Es soll nicht bestritten werden, daß das geistliche Berufsideal mit der entsprechenden Lebenspraxis entweder zeitweise oder sogar langfristig eine Modifikation der sexuellen Praxis herbeiführen kann. Priester werden jedoch durch ihre Berufsentscheidung und die damit übernommene gesellschaftliche Rolle nicht zu asexuellen Wesen ohne aktive Neigungen zur sexuellen Lusterfahrung. Eine derartige Idealitätsvorstellung muß als wirklichkeitsfern bezeichnet werden, ganz abgesehen von der Fragwürdigkeit dieses „Ideals". Zu der mehr körperlichen Seite menschlicher Sexualität kommen die seelischen Bedürfnisse nach sensitiv erfahrener Partnerschaftsnähe und mitmenschlicher Geborgenheit hinzu. Auch hier ist davon auszugehen, daß dieses anthropologische Potential menschlicher Geschlechtlichkeit durch kirchliche Gesetzgebung modifiziert, nicht aber in einer breiten Berufsgruppe durch dauerhafte Versagung beseitigt werden kann.

Insider dieses Berufsstandes, die sich offen dem Problem stellen, wissen deshalb auch ohne wissenschaftliche Studien, daß es in der Lebensgeschichte der Einzelnen immer wieder zu irgendwelchen autoerotischen, homo- oder heterosexuellen Praktiken kommt, unterschiedlich nach Altersphasen sowie nach Art, Häufigkeit und Intensität der Verhaltenspraxis. Da der Einzelne sich in diesem seinem praktischen Verhalten mit seinem beschworenen Enthaltsamkeitsideal gewissensmäßig konfrontiert sieht, muß er notwendig mit sich selbst und der eigenen Sexualität ins Zerwürfnis geraten. Er hat innerlich etwas als Maß seiner eigenen religiösen und moralischen Identität übernommen, was er in dieser Form nie realisieren kann.

Gerade religiös hochmotivierte und sensible Persönlichkeiten finden sich dabei meist unter einem inneren Erwartungsdruck, der bei „begangenen Sünden" zugleich als oft unerträgliche Gewissenslast erlebt wird. Eine „verklemmte" Sexualerziehung in der Familie, die nicht selten durch die kirchlich vermittelten Moralvorstellungen produziert wurde, tut oft das ihre hinzu. Einzelne Lebensprotokolle geben davon hinreichend Zeugnis. Sie wurden in verschiedener Form immer wieder veröffentlicht. Hier mag zur Veranschaulichung der seelischen Bedrängnisse nur ein Beispiel aus autobiographischen Aufzeichnungen erwähnt werden, das Fritz Leist unter dem Titel „Von der verschwiegenen Not unter Priestern" zitiert: „Tief in mein Gedächtnis eingeprägt hat sich, wie in der Schule Buben, die Mädchen die Hosen heruntergezogen hatten, mit äußerster Strenge bestraft wurden. – Ich selbst fragte mich oft genug in der beginnenden Pubertät, aber auch schon zur Zeit der ersten Beichte, ob ich nicht von Gott verworfen sei und in die Hölle komme, weil ich meine Schwester ein paarmal genauer angeschaut hatte. Als Gymnasiast bekam ich den ‚Studierenden Jüngling' zur Hand. Darin las ich immer wieder die Ausführungen über das 6. Gebot, um zu erkennen, ob ich nun schon eine Todsünde begangen hätte oder ob es doch nur eine läßliche Sünde war. Ein Jesuitenpater tröstete mich, indem er mir erklärte, daß es ein gutes Zeichen für einen Buben wäre, wenn er im 6. Gebot alles für eine Todsünde hielte. Aber es gäbe auch durchaus hier läßliche Sünden. Ein anderer Jesuitenpater jedoch stürzte mich in tiefste Qualen, als er bei Exercitien für 13–16-jährige die Hölle so anschaulich demonstrierte, daß ich mich schon darin sah. Ich beschloß, ein Leben lang Buße zu tun..." (Leist 1972, 221f).

Derartige Pressionen sind jedoch nicht nur individualpsychologisch zu sehen. Sie betreffen vielmehr die sozialen Beziehungen der Kleriker wie sie zugleich die Kirche in ihrer gesellschaftlichen Funktion angehen. Der Priester hat nämlich den Zölibat nicht nur für sich persönlich, sondern im Hinblick auf seine Religionsgemeinschaft in einer spezifischen Symbolfunktion übernommen. Er soll durch seine zölibatäre Rolle „das Heilige" empirisch greifbar in der Gesellschaft vergegenwärtigen und zwar dadurch, daß er mit seiner ganzen Lebensführung beweist, er sei voll von ihm ergriffen. Das geschieht nicht zuletzt dadurch, daß er die überlegene Macht des „Heiligen" über einen als äußerst dunkel hingestellten Antriebsbereich im Menschen bezeugt, nämlich über den Geschlechtstrieb.

Während der „heilige Gott" und mit ihm „das Heilige" als Inbegriff der Festigkeit, der ewigen Zuverlässigkeit und des Lichts verehrt wurde und wird, sahen die Religionen fast durchweg – zum mindesten die Hochreligionen – in der Sexualität den Widerpart des Göttlichen. Das zieht sich auch in die Christentumsgeschichte hinein (s. oben 1.6). Der Geschlechtstrieb wurde als eine Macht aus unergründlicher Dunkelheit empfunden, die das Ich ekstatisch zu überwältigen oder sogar ins Unendliche aufzulösen vermag (Orgasmus), jedenfalls aber durch seine Triebhaftigkeit gefährlich destabilisiert. Diese Erfahrungen betrafen keineswegs nur das Individuum in seiner Ichbildung und in seinem Realitätsbezug. „Die Labilität und Plastizität des sexuellen Antriebsüberschusses des Menschen erweist sich als eine ständige Bedrohung seiner sozialen Ordnung" (Schelsky 1955, 94). Von daher wird verständlich, warum religiös geprägte Kulturen und Gesellschaften immer wieder die „Unberührten" als Repräsentanten des „Heiligen" brauchten und ihnen größte Wertschätzung oder Verehrung entgegenbrachten. „Der Zölibatäre wirkt faszinierend, weil er lebenslang die Instabilität des Sexus faktisch und der Intention nach bewältigt" (Hagemann 1971, 41).

Parallel zu religiösen Deutungsmustern gehen ethische Bewertungen. Nach ihnen mußte der sittlich vollkommene Mensch frei und erhaben gegenüber allem sein, was sexuell berührt oder gar hinreißt. Die Wertvorstellungen des Puritanismus sind keineswegs erst im neuzeitlichen Bürgertum geboren; sie reichen mit ihren Wurzeln bis in die ethischen Entwürfe der Platoniker und der Stoa oder noch weiter; sie werden nicht zuletzt in kirchlichen Kreisen bis in die Gegenwart hinein transportiert. Ihnen kam und kommt der zölibatäre Priester in vieler Hinsicht entgegen: Er soll somit auch auf moralischer Ebene die souveräne Unabhängigkeit gegenüber allen sinnlichen, zumal den sexuellen oder erotischen Ambitionen repräsentieren. Die Rolle des Klerikers ist in der römisch-katholischen Kirche somit nicht nur von religiösen, sondern auch aus bestimmten moralischen Erwartungen geprägt. Derartige Erwartungen werden ihm in der protestantischen oder gar in der nicht-kirchlichen Gesellschaft freilich nur noch bedingt angetragen, haben aber auch hier noch verstreut eine Bedeutung.

3. Die Zölibatsrolle – ein Instrument der öffentlichen Täuschung

Es ist offenkundig, daß sowohl die angesprochenen religiösen Vorstellungen vom „Heiligen" als auch diejenigen vom Moralischen einer kritischen Befragung durch Theologie und Philosophie nicht standzuhalten vermögen. Zu sehr weisen sie sich als Welt- und Lebensdeutungen aus, die in dualistischer Art die menschliche Geschlechtlichkeit dem Reich des Bösen und die Erhabenheit darüber dem Göttlich-Guten zuweisen. Hier soll jedoch die theologische Auseinandersetzung mit derartigen archaischen Vorstellungen des Sakralen oder mit entsprechenden moralistischen Sittlichkeitstheorien noch nicht geführt werden. Es geht an dieser Stelle um die höchst fragwürdigen Wirkungen, die die gesellschaftliche Rollenzuweisung des Pflichtzölibats mit sich bringt. Das Zölibatsinstitut bringt nämlich alle seine Standesmitglieder in ein öffentliches Image, das sie persönlich in ihrer Lebensrealität nicht zu erfüllen vermögen. Derjenige Zölibatäre, der in seinem tatsächlichen Verhalten nicht das ist, was ihm die Rolle anträgt, gerät in mannigfaltige Bedrängnis. Dabei muß davon ausgegangen werden, daß in irgendeiner Form die allermeisten Kleriker in ihrem Leben dieser Belastung aufgrund ihrer Normabweichung gegenüber der totalen sexuellen Enthaltsamkeitsforderung ausgesetzt waren oder sind, sei es nun durch (nicht eindeutig abgewehrtes) sexuelles Lustbedürfnis, sei es durch masturbatorische oder durch sonstige Aktivitäten mit Partnern (vgl. Sipe 1990).

Zuerst ist die innere Belastung für den je Betroffenen zu nennen, sodann der äußere Gruppen-, Gemeinde-, Gesellschafts- und Systemdruck und schließlich die Perversion des Religionssystems selbst. In der gegenwärtigen Diskussion ist Eugen Drewermann den Zusammenhängen in seiner Studie „Kleriker – Das Psychogramm eines Ideals" (1989) umfassend nachgegangen. Inzwischen hat die Hoffnung getrogen, daß die zuständigen kirchlichen Behörden die dringend anstehenden Fragen nicht dadurch zu „erledigen" versuchen, daß sie diese kritische Stimme – wie ehedem unzählige andere – mundtot machen statt sich mit dem Netz von Problemen sachgerecht auseinanderzusetzen (Wiederkehr 1990, 21).

Für jeden verantwortungsbewußten Kleriker muß sich der Umstand, daß er die auf sich genommenen und öffentlich bekundeten Erwartungen tatsächlich nicht einhält, als Gewissenskrise auswirken. Für den katholischen Priester verdichten sich derartige Nöte seiner moralischen und religiösen Identität nicht selten gerade in seinen qualifizierten Amtshandlungen: In der Eucharistiefeier und Predigt, als Beichtvater oder im Seelsorgsgespräch. Denn hier begegnet er aus seiner Glaubenssicht in besonderer Weise „dem Heiligen" oder soll seine Wirklichkeit bezeugen und die sittliche Wertordnung repräsentieren. Wenn ihm das eigene Gewissen bei alledem vor Augen hält, daß er nicht ist, was er vorgibt zu sein, muß das zu grundlegenden Identitätskrisen führen. Er muß sich als jemanden erfahren, der der Gemeinde mit seiner offiziellen Rolle etwas vorgaukelt, was er in Wirklichkeit gar nicht ist oder lebt. Derartige Krisen werden umso gespannter zur Wirkung kommen, je stärker und bleibender die Normabweichung ist oder subjektiv vom einzelnen eingestuft wird.

Nun kann man einwenden, daß es zu den Grundbedingungen christlicher Existenz gehöre, am Gesetz zu scheitern, also die eigene Unvollkommenheit zu erfahren und an ihr die rettende Kraft von Gottes Erbarmen zu erlernen, das er uns in seinem Evangelium zuspricht. Der zölibatäre Priester mache hier keine Ausnahme; ebenso wie es doch wohl zu jedem Amt gehöre, den daran gebundenen Erwartungen nie voll gerecht werden zu können. Diese Einwendung hat grundsätzlich ihre theologische Berechtigung. In der damit aufgezeigten Richtung wird auch für viele Kleriker der Weg liegen, auf dem sie innerlich die Krise ihrer moralischen und religiösen Identität sinnvoll zu verarbeiten suchen.

Dennoch muß auch diese Auslegung erheblich hinterfragt werden. Ist es wirklich sinnvoll, daß die Mitglieder des Priesterstandes vor allem und mit provozierter Intensität im „Bewährungsfeld Sexualität" ihre grundlegende Gebrochenheit erfahren? Das muß zu der bereits beklagten Akzentuierung des Geschlechtlichen führen. Ist es für Christen und Kirche nicht angezeigt, zahlreiche andere Felder des individuellen und gesellschaftlichen Lebens mit mindestens ebenso großer Aufmerksamkeit zu beachten und für das Versagen dort Gottes Erbarmen anzurufen, weil eben dort auch entsprechend große Verantwortung ansteht? Das „Bewährungsfeld Sexualität" übermäßig herauszustellen heißt, der Geschlechtlichkeit einen einseitigen Stellenwert zuzusprechen und sie zugleich schöpfungstheologisch unvertretbar herabzusetzen. Die augustinische Theorie, die das ganze Mittelalter durchzog, wonach der Bereich des Geschlechtlichen in besonderer Weise von der erbsündlichen Schuld stigmatisiert sei, muß doch endlich als ein Ausdruck jenes Leib-Seele-Dualismus erkannt und überwunden werden, der seit der Antike Sinnlichkeit und Sexuallust zum Inbegriff des Widergöttlichen und Unsittlichen gemacht hat, der aber keineswegs dem biblischen Schöpfungs- und Erlösungsglauben entspricht.

Die sich ausspannende Kluft zwischen tatsächlichem Verhalten und der mit dem Pflichtzölibat öffentlich übernommenen Rolle birgt für den zölibatären Priester noch zahlreiche andere Gefahren falscher Konfliktverarbeitungen in sich. Eine von ihnen wird nicht selten von seelisch sensiblen Charakteren praktiziert: Sie bilden neurotische Störungen ihrer sozialen Kommunikation aus, die mit krankhaften Abwehrmechanismen gegenüber allem einhergehen, was sie als sexuell oder schließlich überhaupt als lustvoll empfinden. Der Skrupulant ist in Klerikerkreisen ebenso bekannt wie bedauert. „Bindungsangst" und „die manifeste Beziehungslosigkeit der Kleriker untereinander" mögen diesen vielleicht von Drewermann (a.a.O., 256f) zu pauschal angelastet werden; redliche Insider werden jedoch seine Analyse als Anfrage sehr ernst nehmen.

Aber es geht nicht nur um das Leid von Einzelnen und deren Flucht in die Zwangsneurose. Dort, wo die totale Entsagung im Bereich des Sexuellen zum Gesetz gemacht wird, liegt die Gefahr nahe, „eine Art asketisches Unlustprinzip" (Görres 1966, 321) zum Leitsatz christlicher Lebenslehre überhaupt zu machen und die Weisheit des Kreuzes Christi zur rigorosen Moral radikaler Lustverneinung umzuinterpretieren. Die Warnsignale, die Albert Görres in den sechziger Jahren mit seinem Beitrag über „Die Pathologie des katholischen Christentums" setzte, mögen heute nicht mehr die gleiche Aktualität haben. Gegenstandslos sind seine sozialtherapeutischen Analysen zur Verbindung zwischen jenem fragwürdigen Asketismus und „einer zähneknirschend harten Frömmigkeit" oder einer „verbots- und strafsüchtigen Erziehung" (Görres a.a.O.) in einem bestimmten Milieu klerikal geprägter Kirchlichkeit keineswegs.

Das wird schon an der Achtungszuweisung durch Johannes Paul II. erkennbar, die das „Opus Dei" mit seiner religiös-militanten Ausrichtung nach Art fundamentalistischer Sektierer-Gruppen seit einiger Zeit erfährt. Was Görres aus den Anweisungen zitiert, die der Gründer des genannten „Opus" Josemaría Escrivá de Balagner seinen Mitgliedern auf den Weg gab, galt inzwischen vielen als längst veraltet und damit ohne aktuelle Relevanz. „Wenn du weißt", schreibt er, „daß dein Leib dein Feind ist und der Feind der Ehre Gottes – da er deiner Heiligung im Wege steht –, warum behandelst du ihn mit soviel Nachgiebigkeit?" (zit. nach Görres 1966, 322). Wie sehr jedoch diese Mentalität ihre Gegenwartsbedeutung behalten hat, zeigen nicht nur die Praktiken der „Abtötung" mit Bußgürtel und Bußgeißel; Steigleder (1983, 134ff) hat von ihnen aufgrund eigener jahrelanger Erfahrung in der Vereinigung berichtet. Vielmehr ist es weitaus bedenklicher, daß eine derartige dualistische und damit zugleich körperfeindliche „Spiritualität" inzwischen offenbar wieder kirchenamtlich favorisiert wird.

Damit kommen wir zum zweiten Belastungsnetz, das der Pflichtzölibat über Jahrhunderte produziert hat und weiterhin produziert. Gemeint ist der Gruppen- sowie der Systemdruck, der auf alle diejenigen Kleriker ausgeübt wird, die in irgendeiner Form in ihrem sozialen Verhalten wahrnehmbar mit dem Zölibat in Konflikt geraten. Was sich hier ereignet hat, läßt sich nicht annähernd beschreiben. Denn dieses Kapitel wird durch die je individuelle Lebensgeschichte von konkreten Menschen geschrieben. Die Kirche, die kirchlichen Gemeinschaften oder Orden sowie die Gemeinden haben durch Jahrhunderte hindurch jedoch immer wieder versucht, derartige Biographien als persönlich verschuldete Skandalgeschichten einzustufen und die Betreffenden mit dem Stigma des „abgefallenen Priesters" oder anderen Diskriminierungen aus dem Kreis der Lebenden und damit zugleich aus der geschichtlichen Erinnerung der Kirche zu verdrängen. Daß jedoch die Verursachung dieser „Skandale" beim „Religionssystem" Kirche zu suchen ist, wurde im Katholizismus über Jahrhunderte hinweg verdrängt. Die ideologische Immunisierung, die dabei als Abwehrmechanismus ins Spiel kam, bildet geradezu ein Paradebeispiel für das, was gesellschaftliche Tendenzsysteme zentralistischer Prägung sich auf ihre Art an Realitätsverweigerung leisten.

Das Gesagte läßt sich an unzähligen „Fällen" demonstrieren. Eine einzige Lebensgeschichte, die ich aus nächster Nähe erlebte, muß hier für die vielen zur Veranschaulichung genügen. Pater Felix Reimann (Name geändert) gehörte einer Ordensgemeinschaft an, hatte sein Studium in Deutschland begonnen und in Rom mit dem theologischen Doktorat abgeschlossen. Er war ein warmherziger, offener und kommunikationsfreudiger Mensch, galt mit seiner Religiosität bayrischer Prägung als tief gläubig, war intellektuell beweglich und zugleich traditionsverbunden. Er hatte – ohne fanatisch oder engherzig zu sein – eine deutliche Neigung zur Frömmigkeitspraxis oder Spiritualität seiner Gemeinschaft sowie eine seelsorgerlich-pädagogische Begabung. Seine Oberen übertrugen ihm deshalb bald die geistliche Leitung der Priesteramtskandidaten, eine der wichtigsten Aufgaben innerhalb einer jeden Ordensgemeinschaft. Jahrelang war er in diesem Amt zu großer

Zufriedenheit der Ordensleitung und der meisten Studenten tätig. Er war vielfach auch als Beichtvater und Prediger gefragt. Er hatte in seinem Kloster viele Freunde und war ihnen seinerseits freundschaftlich zugewandt.

Und doch passierte folgendes: Am Morgen eines Sommertages begleitete er zum Ende eines Studienjahres in einem feierlichen Gottesdienst eine Gruppe von jungen Ordensbrüdern zur Priesterweihe, legte ihnen zusammen mit dem Bischof und den anderen anwesenden Priestern die Hände auf, sprach ihnen Gottes Segen für ihren Lebensweg und ihre Lebensaufgabe zu – und verschwand am Nachmittag aus dem Haus, um niemals wiederzukehren. Er hatte sich für seine Partnerin entschieden und zu ihr begeben, um zu heiraten. Kein Wort darüber war von ihm vor den jungen Theologen, vor der Hausgemeinschaft oder gar vor der Ordensleitung über die neue Lebensbeziehung gefallen. Seine Gemeinschaft stand völlig perplex vor diesem Abschied. „Warum nur", so fragten seine engeren Freunde sich immer wieder, „hat er sich nicht dazu entschließen können, mit uns offen über seine Zölibats- und Berufskrise zu sprechen? Sie hatten mit ihm fast zwei Jahrzehnte zusammen gelebt und gearbeitet. Natürlich gab es bisweilen wie überall Alltagskonflikte. Aber vor allem wähnten sie sich doch in einer Gesinnungs- und Handlungsgemeinschaft aus christlichem Glauben verbunden.

„Priester sprechen untereinander nicht über die subjektiv-persönliche Seite oder die Problematik ihres Zölibats", hatte der Kommentator bei der Auswertung der Schweizer Priesterbefragung zusammenfassend herausgestellt (Müller 1974, 79, s. oben 2.2). Warum tun sie es nicht? Warum blockiert der Zölibat selbst schon im sozialen Nahbereich der betroffenen Individuen und ihrer nahen Freunde die Sprach-Kommunikation? Die Antworten, die im katholischen Milieu und von den Verteidigern des Kirchensystems in vielfältigen Variationen beharrlich gegeben werden, bleiben sich gleich: Weil die Betreffenden sich als Versager fühlen – weil sie ihrer ursprünglichen Religiosität und Berufung als Priester nicht treu geblieben sind – weil sie dem Sex oder der Frau verfallen sind – weil sie dazu noch zu feige sind, diese ihre Abtrünnigkeit und sexuelle Abhängigkeit einzugestehen, schon gar nicht vor ihren Freunden oder vor der Öffentlichkeit.

Dieser personalisierenden Deutung mit ihren pauschalen Diskriminierungen muß entschieden entgegengetreten werden. Die Priester mit den angesprochenen Konflikten, mögen sie noch im Amt oder schon aus ihm geschieden sein, sind – sofern hier überhaupt wertende Urteile erlaubt sind – nicht besser oder schlechter als andere Kleriker. Sie bestätigen im allgemeinen, was im herangezogenen Beispiel heraustrat, daß sie nämlich keineswegs moralisch minderwertige oder gewissenlose Subjekte sind. Im Gegenteil, oft ist es gerade ihre innere Aufrichtigkeit, die sie aus dem Amt drängt. Sie wollen für sich und ihren Partner die Rolle der Doppelmoral und Heuchelei nicht mehr weiter spielen und ihre soziale wie moralische Identität wiedergewinnen. Andere, die im Amt bleiben, tun dies nicht selten mit großen inneren und äußeren Belastungen für sich und vor allem für ihre Frauen. Ich kann ihnen ein gewisses Verständnis für ihre Entscheidung nicht versagen, da sie oft kaum eine Chance für einen neuen Bildungs- und Berufsweg haben und sich ihrem priesterlichen Auftrag durchaus weiter verbunden fühlen. Ich plädiere freilich für ihre öffentliche Solidarisierung gegenüber der Kirchenbehörde.

Bei den erwähnten Schuldzuweisungen kommen den betroffenen Frauen meist abfälligste Diskriminierungen zu. Sie werden nur zu oft als Verführerinnen der Priester eingestuft. Grobschlächtige Beschimpfungen wie „Priesterhure", „Hexe" oder „Werkzeug des Satans" gehören keineswegs einer finsteren unaufgeklärten Vergangenheit an – auch nicht entsprechende Sanktionen aus einem bestimmten kirchlichen Milieu. Der dokumentarische Film von Gernot Schley, den die ARD am 26. Mai 1989 (21.55–22.30 Uhr) unter dem Titel „Sie nennen mich Priesterhure" ausstrahlte, hat keineswegs überzeichnet. Er hat vielmehr Exemplarisches benannt. Die drei Frauen, über deren Leben berichtet wurde, wagten sich selbst nicht vor die Kamera – sie mußten durch Schauspielerinnen nachgespielt werden. Sie erfuhren sich schlimmsten Entwürdigungen und Beschimpfungen ausgesetzt. Da sei meist in kirchlichen Berufen arbeiteten, mußten sie ständig Denunziation und Entlassung fürchten. Solange sie sich mit ihrem Partner nicht zur Offenlegung ihrer Lebensbedingungen entschlossen hatten, war ihnen ein dauerndes Versteckspiel auferlegt, ebenso entwürdigend wie belastend. Bisweilen kam es zu schweren Depressionen, nicht zuletzt aufgrund der zunehmenden äußeren und inneren Isolierung, in die sie gerieten. Eine von ihnen wurde von ihrer Kirchenbehörde aufgrund ihrer bekanntgewordenen „unerlaubten Liebesbeziehung" nach ihrer Entlassung noch bei ihrem neuen Arbeitgeber herabgesetzt.

Inzwischen haben sich zahlreiche Solidaritätsgruppen verheirateter Priester und ihrer Frauen gebildet. Sie wollen, falls nicht schon geschehen, ihre persönliche Isolierung durchbrechen und ihrer Marginalisierung in der Kirche entgegentreten. Sie haben internationale Verbindungen aufgenommen. Die Mitgliederzahl wird auf 80000 geschätzt (Mitteilungsblatt 1988, 10).

In welchem Maß die Zölibatsideologie das offene Miteinander in der Kirche blockiert, wird am Verhalten der meisten Bischöfe deutlich: Sie verweigern einfach diesen ihren oft jahrzehntelangen Mitarbeitern jedes Gespräch, obwohl sie vielfach von den Gruppen dazu angegangen wurden. Dabei müßten ihnen diese „eliminierten" nach herkömmlicher Dogmatik und Liturgiesprache „Priester auf ewig" sein. Eine beachtenswerte Ausnahme machte jüngst der Vorsitzende der sizilianischen Bischofskonferenz, Kardinal Papalardo, offenbar mit einem überraschenden Erfolg für beide Seiten (a.a.O., 6). Ebenso haben die Schweizer Bischöfe in Rom durchgesetzt, daß verheiratete Priester, die es wünschen, einvernehmlich mit der Bistumsleitung den Pastoralreferenten gleichgestellt werden und somit wenigstens zu guten Teilen ihren ursprünglichen Beruf ausüben können. Die deutsche Bischofskonferenz hat sich demgegenüber der vatikanischen Aussonderungspraxis voll angeschlossen.

Die Kommunikationsbarrieren und Aussonderungsmechanismen, die die vatikanischen Behörden sowie zahlreiche Bischofskonferenzen und Kirchenämter mit gezielt langfristiger Strategie wirksam zu machen bemüht sind, verdeutlichen den kirchlichen System- und Gruppendruck auf die einzelnen Zölibatsträger. Die eben skizzierten Feindseligkeiten, Verunglimpfungen und Entwürdigungen gegenüber Priesterfrauen sind keineswegs zufällige Ausrutscher. Sie gehören vielmehr zur Systemstabilisierung, die seitens der Machtträger zur Absicherung des Pflichtzölibats entweder bewußt in Kauf genommen oder sogar gezielt angestrebt werden. Alle ideologie-verhafteten Systeme brauchen Feindbilder.

Daß eine so geartete religiöse Herrschaftsausübung nichts mit Kirche im neutestamentlichen Sinne zu tun hat, braucht nicht hervorgehoben zu werden. Diese Kirche versteht sich – z. B. nach 1 Kor 13 – als Gesinnungs- und Handlungsgemeinschaft der gemeinsam Glaubenden, der einander Vertrauenden, der miteinander Hoffenden, der grenzenlos füreinander Einstehenden. Liebe, Vergebung, freimütige Offenheit und gegenseitige Achtung sind die Lebenshaltungen, die Kirche aufbauen. Sie in ihrer geschichtlichen Epoche zu verwirklichen, hat sich auch das Zweite Vatikanum bemüht. Ein Ausdruck dieser Reformentscheidung ist sein Bekenntnis zur Religions- und Gewissensfreiheit eines jeden Menschen, aus Achtung vor der Würde des anderen und der anderen.

Gegen zahlreiche Mitglieder der Hierarchie ist der Vorwurf zu erheben, daß sie dieses Reformbekenntnis des Konzils gegenüber ihren eigenen Brüdern und Schwestern nicht verwirklichen. Die Achtung vor der Gewissensentscheidung der im Zölibatskonflikt lebenden Priester und ihrer Partnerinnen und Partner ist für sie einfach kein Thema. Es wird aus systemstabilisierenden Interessen verdrängt, daß auch erwachsene Menschen aufgrund ihrer lebensgeschichtlichen Entwicklungen zu neuen Überzeugungen kommen können, die für sie sittlich oder religiös verpflichtend sind. Statt dessen werden sie in das wohlpräparierte Feindbild gepreßt und zu Bösewichten gemacht, die aus dem Kreis der (in der Kirche) Lebenden ausgemerzt werden müßten. Das mittelalterliche Grundmuster kirchlichen Umgangs mit „Häretikern" oder anderweitig „Abgefallenen" kommt unverkennbar wieder zum Vorschein. „Solche sind auch mit körperlichen Mitteln zu nötigen, zu erfüllen, was sie versprochen, und festzuhalten, was sie ein für allemal angenommen haben": Damit legitimierte Thomas von Aquin (Summa theologiae II–II 10,8) Zwangsanwendungen bis hin zur Todesstrafe gegen alle „Häretiker", obwohl er gerade kurz vorher dafür eingetreten war, daß Juden und Heiden „auf keine Weise zum Glauben zu nötigen sind" (a.a.O.). Die Regression der derzeitigen römischen Behörden zum vorkonziliaren Kirchen- und Autoritätsverständnis, das weitgehend durch neuscholastische Kirchentheorie geprägt war, ist einmal mehr offenbar.

Offenkundig ist aber auch, welch ungeheurem System- und Gruppendruck die je Betroffenen durch den Pflichtzölibat nach wie vor ausgesetzt sind, und wie schwer es für sie ist, diesem Druck unter Bewahrung ihrer moralischen und religiösen Identität zu widerstehen. Darum flüchten sich die einen, bisweilen auch auf unkollegiale oder menschlich fragwürdige Weise, indem sie aus dem System einfach ausbrechen, meist mit gründlichen traumatischen Folgen bis an ihr Lebensende. Die anderen sehen sich genötigt, ihre „Rolle" nach außen weiterzuspielen, ohne sie innerlich zu erfüllen. Ein Leben in Doppelmoral und öffentlicher Unwahrhaftigkeit ist die Folge. Nur einem kleinen Teil gelingt die Fortführung ihrer inneren Berufung in einem neuen Berufsstand und einer neuen Form selbständig-kritischer Kirchenverbundenheit.

Es ist für eine Kirche, die sich in der Botschaft Jesu gründen will, nicht hinzunehmen, daß ihre Priester weiterhin durch das Fortbestehen einer höchst fragwürdigen Institution derartigen Pressionen unterworfen werden. Die Bischöfe tragen dafür maßgebliche Verantwortung, daß endlich das Bekenntnis auch im Leben der Kirche verwirklicht und sein Inhalt von ihnen nicht nur im politischen Raum angemahnt wird – jenes Bekenntnis nämlich, das sie selbst oder ihre Vorgänger feierlich mit folgenden Worten beschworen haben: „Das Zweite Vatikanische Konzil erklärt, daß die menschliche Person das Recht auf Religionsfreiheit hat. Diese Freiheit besteht darin, daß alle Menschen von jedem Zwang frei sein müssen, sowohl von seiten einzelner wie von Gruppen in der Gesellschaft wie von jeglicher menschlichen Gewalt, und zwar in der Weise, daß in religiösen Dingen niemals jemand gezwungen wird, gegen sein Gewissen zu handeln, und nicht daran gehindert wird (...) nach seinem Gewissen zu handeln..." (Erklärung über die Religionsfreiheit *Dignitatis humanae* 2).

Mit dem Gesagten sind wir bei der dritten Last, die der Pflichtzölibat bedeutet: Diese Einrichtung hat die Botschaft der Kirche schon in der Geschichte immer wieder unglaubwürdig gemacht; sie bedeutet auch weiterhin eine Perversion von Religion und Evangelium. Zum Beweis dafür genügt es, die angesprochenen Befunde zusammenzufassen: Die Zwangs- und Überwachungsmechanismen, die die Kirche zur Durchsetzung dieser Institution aufbauen mußte und weiterhin wirksam erhalten muß – die Feindbilder und Aggressionen, mit denen sie aufgrund der Zölibatsideologie Menschen gegeneinander getrieben hat und weiterhin treiben wird – die unzähligen Verdächtigungen, mit denen Menschen sich über andere in dieser Sache Jahrhunderte hindurch im Gemeindeleben schon „den Mund zerrissen haben" – die Disziplinierungsmaßnahmen gegen „Unbotmäßige" und die fehlende Achtung vor dem Gewissen ihrer eigenen Mitarbeiter und -arbeiterinnen – die Berufsverbote als Ausnutzung des institutionellen Machtvorsprungs – die Ausbruchsversuche der Kleriker, die in der vorreformatorischen Epoche, aber nicht nur in ihr, zur teilweisen Verwahrlosung dieses Berufsstandes geführt haben, und vieles mehr sprechen wahrhaftig ihre hinreichende Sprache. Dieser Negativ-Katalog allein sollte reichen, die Verantwortungsträger dazu zu bewegen, daß auch sie sich endlich für die Gewissensfreiheit in der Kirche entscheiden.

4. Theologische Neubesinnung tut not

Die Belastung der Kirche in ihrer Glaubwürdigkeit, oder soziologisch gesprochen, die Dysfunktionalität des Religionssystems durch den Pflichtzölibat muß theologisch noch weiter erhellt werden. Diese Einrichtung hat nämlich den eigentlichen Auftrag der Kirche nicht nur am Rande, sondern bis in ihren Kern hinein pervertiert. Dieser Auftrag liegt in erster und oberster Linie darin, den Menschen durch Wort, Sakrament und gelebtes Zeugnis die liebende Zuwendung Gottes zu ihnen zu vergegenwärtigen, also das Ja Gottes zum Menschen, nicht zuletzt zum je konkreten Menschen. In der praktischen Handhabung des Zölibats erweist sich dagegen die Kirche als eine gesellschaftliche Macht- und Herrschaftsinstitution, der es gar nicht um den konkreten Menschen geht, sondern um die eigene Ideologie und ihre Bewahrung zur Sicherung der eigenen Existenz. Zum Beweis greife ich einen Kontext auf: Solange Priester ihre „Rolle" ausfüllen, erfahren sie hohe, ja, höchste Achtungszuweisung seitens des Systems. Man braucht nur an das Ritual der Primizfeier zu denken mit allem, was an Wertschätzung für den „Neu-Geweihten" und damit für den Repräsentanten des „Heiligen" seitens der Gemeinde und der Amtsvertreter zum Ausdruck kommt. Wie wenig es dabei jedoch um den Priester selbst geht, kann jeder erfahren, der nicht das hergibt, was auf ihn projiziert und von ihm erwartet wurde. Dann wird das „Hosianna" sehr schnell zum „Kreuzige ihn". Die Rolle ist alles. Der konkrete Mensch gilt in ihr nur soviel, als er sie erwartungsgemäß ausübt. Er wird durch das System für die Rolle instrumentalisiert. Daß dieses Funktionsgesetz in Politik und Wirtschaft vielfach gilt, der Mensch also nur insofern beachtet und geachtet wird, als er dem System dient, trifft bekanntlich weitgehend zu. Die Systemtheorie hat zutreffend analysiert, daß die Person für das System anonyme, gleichgültige oder sogar bedrohliche Umwelt ist. In der Kirche aber kann und darf dieses Instrumentalisierungsprinzip nicht bestimmend sein.

Demgegenüber bestätigen die Kirchenbehörden bei Zölibatskonflikten immer wieder, daß ihnen „das Ansehen von Priestertum und Kirche", also ihre Systeminteressen, vor den konkreten Menschen geht. So übernehmen Generalvikariate Unterhaltszahlungen (Alimente) für Kinder von Priestern bzw. machen entsprechende Angebote, wenn die nichtehelichen Eltern nach außen hin nur zu schweigen bereit sind. Was das für die Priester, besonders aber für ihre Frauen und Kinder menschlich sowie hinsichtlich ihrer sozialen Identität bedeutet, ist kaum abzuschätzen. Entsprechendes gilt für die Fortführung von Partnerschaftsverhältnissen auch ohne gemeinsame Kinder, sofern es der Kirchenbehörde bekannt wurde. Da es sich nicht selten um begabte und schon bekannte Seelsorger oder anderweitig wirksame Theologen handelt, sind die zuständigen Oberen oft gewillt, das Verhältnis zu dulden, sofern die Betreffenden nur den öffentlichen Skandal vermeiden (vgl. dazu Sipe 1990, 74). Im Einzelfall mag sich darin auch eine menschliche Haltung der Vorgesetzten bekunden. Das schließt jedoch nicht aus, daß dadurch zugleich die Amoralität der Zölibatsinstitution neu bestätigt wird. Es gibt keineswegs nur in der übrigen Gesellschaft das, was in der Sozialethik inzwischen als „sündige Struktur" bezeichnet wird. Derartige Strukturen sind ihrerseits Unrecht und bewirken strukturell Unrecht wie Unterdrückung, Verlogenheit, Menschenrechtsverletzungen oder Ausbeutung. Auch die Kirche ist von Unrechtsstrukturen nicht frei. Der Pflichtzölibat gehört zu ihnen. Das, was zum Pflichtzölibat als einem öffentlichen Täuschungsinstrument gesagt wurde, müßte als Beweis reichen.

Die „sündige Struktur" des Pflichtzölibats kommt jedoch noch anderweitig zum Ausdruck, nämlich in seiner ebenso fragwürdigen wie zentralen Steuerungsfunktion für die Machtverteilung in der Kirche. Denn durch das Instrument der priesterlichen Ehelosigkeit konstituiert das Religionssystem Kirche einerseits seine Macht- und Herrschaftselite: Nur die Zugehörigkeit zu dieser Elite ermöglicht die volle Teilnahme an der kirchlichen Machtverwaltung und Führungskompetenz. Andererseits schließt es damit zugleich alle anderen von eben dieser Amtskompetenz aus. Wer nicht der Herrschaftselite angehört, wird grundsätzlich von den entscheidenden Funktionen in der Kirche ausgegrenzt, unbeschadet dessen, daß die Elite nach eigenem Ermessen einige ihrer Kompetenzen an die anderen delegieren kann. Sprachlich findet die Aufteilung in den Begriffen „Kleriker" und „Laien" ihren Ausdruck.

Erst in diesem Zusammenhang wird die ganze Bedeutung des Pflichtzölibats für das Leben der Kirche sichtbar. Der Zölibat spaltet die Kirche. Er produziert zwei Großgruppen, die Kleriker und die Laien; gleichzeitig bewirkt er strukturell eine ungerechte Macht- und Herrschaftsverteilung für das ganze Religionssystem, der die ebenso ungerechte Achtungsverteilung entspricht. Hierin liegt die schwerwiegendste Auswirkung des Pflichtzölibats. Dieser schafft ebenso den Klerus als kirchliche Macht- und Herrschaftselite, wie er die Laien als dafür nicht würdige und nicht kompetente Klasse fixiert.

Damit wirkt der Pflichtzölibat strukturell der freien und offenen Kommunikation in der Kirche entgegen. Er widerstreitet ihrer theologischen Grundbestimmung, wie sie die neutestamentlichen Gemeinden bezeugten, nämlich „Koinonia" „Communio" – Solidargemeinschaft aller ihrer Glieder im einen Herrn zu sein. Dieser Mangel an theologisch gemeinsamer Existenz macht sich soziologisch vielfach bemerkbar. Das beginnt schon in der Priesterausbildung. Der Zölibat hat dazu geführt, die jungen Theologen in geschlossenen Häusern auszubilden und sie schon durch die Klerikerkleidung von der übrigen Gesellschaft auszusondern. Der Aussonderungsprozeß setzt sich in weiteren Lebensformen der Kleriker fort. Gruppendynamisch haben sie immer wieder die Tendenz, sich als „geschlossene Gesellschaft" nach Art von Männerbünden zu organisieren. Von da her ist es kein Wunder, daß die Integration der Pastoralreferenten und -referentinnen in die klerikal geprägten Führungsgruppen der Kirchenämter oder Pfarreien oftmals so schlecht gelingt. Die Parallele zur Kastenherrschaft der „Reinen" in anderen Religionssystemen ist nicht von der Hand zu weisen. Zwischen Hierarchie und Laien gäbe es einen Unterschied „dem Wesen und nicht nur dem Grade nach", machte auch das Zweite Vatikanum noch geltend (Dogmatische Konstitution über die Kirche *Lumen gentium* 10; Daigeler 1973, 93–127).

Die folgenschwerste Ausgrenzung durch den Pflichtzölibat trifft die Frau. Das von ihm geschaffene männliche Machtkartell in der Kirche bewirkt, daß strukturell die Hälfte der katholischen Christenheit von einer paritätischen Führungsverantwortung und Einflußnahme im kirchlichen Gemeinwesen ausgeschlossen ist. Die Einwirkungen dieser Kirchenverhältnisse auf die Gesellschaftsgeschichte aller, vom Christentum geprägten Kulturen sind geradezu unüberschaubar (Brooten/Greinacher 1982). Gleichzeitig erscheint die apodiktische Ablehnung der Priesterweihe der Frau durch den Vatikan in einem neuen Licht. Hierbei geht es offenkundig ganz einfach um die Erhaltung männlicher Machtprivilegien in der Kirche, nicht aber um ein dogmatisches Problem. Hierfür ist eine sozialwissenschaftliche Erhebung aufschlußreich: Die Beibehaltung des Pflichtzölibats wird viel weniger durch die Priesterschaft als durch Bischöfe, die zentralen Machtträger im Kirchensystem, bejaht (Schoenherr 1972, 163ff, vgl. Denzler 1976, 338ff).

Sozialanthropologisch muß von nicht wenigen Klerikern die gesellschaftliche Absonderung und innerkirchliche Separierung mit hohen Prämien bezahlt werden. Besonders ältere unter ihnen geraten in große menschliche Vereinsamung, die auch durch die eigene Standesgruppe nicht aufgefangen zu werden vermag. Der Pflichtzölibat erweist sich hier wie in anderen Zusammenhängen konkreten Menschen gegenüber als ein strukturelles Instrument der Lieblosigkeit. Er widerspricht damit dem grundlegenden Lebensgesetz der Kirche, sofern sich diese aufrichtig dem Evangelium Gottes verpflichtet sieht, nämlich dem neutestamentlichen Liebesgebot. Auch in dieser Hinsicht ist also theologische Besinnung nötig, nämlich ob die Kirche sich letztlich als Religionssystem versteht, der die eigene Systemerhaltung und Stabilität oberstes Gebot ist, oder ob sie aus dem Wagnis der Liebe zu leben bereit ist, wie sie geschichtlich in Jesus offenbar wurde.

„Metanoia", Bußgesinnung ist angesagt, wenn die Kirche sich aufrichtig dem Konflikt in Sachen Pflichtzölibat stellen will. Es handelt sich um ideologische Blindheit, wenn der Pflichtzölibat immer wieder als ein Weg hingestellt wird, der den Kleriker zur größeren Gottes- und Menschenliebe frei mache. Eine Institution, die die Menschen in der real existierenden Kirche voneinander absondert, eine Institution, die Menschen zugunsten ihrer Rolle instrumentalisiert, eine Institution, die schließlich für die eigene Erhaltung und Durchsetzung gegebenenfalls Menschen opfert, steht zutiefst im Widerspruch zum wahren Lebensgesetz der Kirche, der Liebe.

An dieser Stelle wird deutlich, daß über die Zukunft des Zölibats in der Kirche letztlich nur theologisch entschieden werden kann. In der jüngeren Diskussion dazu wurde oft die pastoral-praktische Argumentation eingesetzt. Die Kirchenleitung, so hieß es im Sinn von Karl Rahner, müsse zu einer Änderung der Gesetzgebung kommen, sobald der Gemeindenotstand ohne Priester und Sakramentenspendung zu groß werde. Daß der Klerikermangel bei der großen Zahl von Laientheologen an den Universitäten durch den Pflichtzölibat verursacht wird, wurde dabei richtig vorausgesetzt. Das Gewicht dieses pastoral-praktischen Arguments soll keineswegs bestritten werden. Zahlreiche Bischöfe des Weltepiskopats haben es denn auch immer wieder in Rom geltend zu machen versucht. Aber, wie groß muß die Gemeindenot in der Kirche denn noch werden, damit die verantwortlichen Bischöfe und Kurienvertreter, allen voran der Papst, diesen Sachverhalt in seiner negativen Valenz wahrnehmen und neue Wege in der Gestaltung des Priesteramtes beschreiten. Immerhin weist das „Annuarium Statisticum Ecclesiae" (Statistisches Jahrbuch des Vatikans) bereits von 1985 für nur 157 000 von 386 000 katholischen Pfarrgemeinden einen residierenden Priester aus. Mehr als 57% der Gemeinden befanden sich also weltweit schon in irgendeiner Form des „kirchlichen Notstandes" (nach Kerkhoff 1988, 3). Dabei bleibt unerwähnt, wieviele von den noch „residierenden" Geistlichen so überaltert sind, daß sie den heutigen Gemeindedienst kaum noch zu leisten vermögen. Es ist erstaunlich, mit wieviel

Ideologie-Blindheit immer neue Gründe von den Verfechtern des Pflichtzölibats zugunsten seiner Fortführung aufgetischt werden. Im Lichte der empirischen Tatsachen über die wirkliche Einhaltung des Zölibatsgesetzes wirken die geradezu hymnischen Lobpreisungen der lehramtlichen Texte zum Zölibat (vgl. etwa Pius XII., 1954; Paul VI., 1968 oder II. Vatikanum, Dekret über die Ausbildung der Priester *Optatam totius* und Dekret über die zeitgemäße Erneuerung des Ordenslebens *Perfectae caritatis*) gelinde gesagt naiv. Die kirchliche Realität wird dadurch gründlich verdrängt.

Die ökonomischen und bürokratischen Interessen der Verantwortlichen für einen derartigen Verdrängungsprozeß dürften dabei keine geringe Rolle spielen. Bei verheirateten Priestern müßte die Kirche auch für deren Familie die finanzielle Sicherung übernehmen. Gleichzeitig wären verheiratete Kleriker viel weniger für die Kirchenzentrale verfügbar als zölibatäre. Über das Gewicht derartiger Interessen, die öffentlich natürlich meist verschwiegen werden, soll hier nicht entschieden werden.

Auf jeden Fall hat die genannte Ideologie-Befangenheit noch in einem weiteren Komplex ihre Wurzeln. Es sind die pseudo-theologischen Begründungen, die über Jahrhunderte vorgetragen wurden. Sie haben eine Elite-Mentalität der Kleriker geprägt und kirchensoziologisch wirksam gemacht. In höchst fragwürdigen Auslegungen neutestamentlicher Texte wurde nämlich in der katholischen Tradition seit dem beginnenden Mittelalter die Theorie vertreten, daß die vollkommene Nachfolge Christi die freiwillig gelebte Ehelosigkeit erfordere. Die Entscheidung für den Ehestand wurde zwar nicht als unmoralisch hingestellt, aber galt doch als ein Ausdruck der Kompromißhaltung gegenüber „der Welt" und ihren Befangenheiten. Das Trienter Konzil brachte dieses mittelalterliche Verständnis kirchenamtlich zur Sprache. Es formulierte im Canon 10 der 24. Konzilssitzung (1563): Im Stande der Jungfräulichkeit oder des Zölibats zu leben sei „besser und seliger" (melius ac beatius) als in der Ehe (Denzinger-Schönmetzer Nr. 1810). Es muß hier dahingestellt bleiben, ob der Text – im Sinne der katholischen Theologie – wirklich eine dogmatische Aussage darstellt oder nur eine pastoral-praktische war.[2] In der Geschichte hat er

---

[2] Eine ausführliche Dogmenhermeneutik für die Stelle kann hier nicht geleistet werden. Ganz allgemein wäre jedoch darauf zu verweisen, daß eine Verste-

jedoch weitgehend als Dogma der Kirche gegolten und dementsprechend gegriffen. Die Trienter Konzilsaussage wurde also dahingehend verstanden, daß der um des Himmelreiches willen ehelose Lebensweg grundsätzlich als der „bessere und seligere" zu werten sei.

In der Folge davon galten diejenigen, die ihn gingen, als die Vollkommeneren in der Nachfolge Christi und als die Würdigeren für den Dienst am Heiligen. Sie waren die „Ehrwürdigen" oder „Hochwürdigen", die übrigen Christen waren eben „nur die Laien". Das Zweite Vatikanum suchte zwar nach einer differenzierteren Sprache im Vergleich zum Tridentinum. Es hob ausdrücklich hervor, daß „die vollkommene und ständige Enthaltsamkeit um des Himmelreiches willen ... zwar nicht vom Wesen des Priestertums selbst gefordert ist, wie die Praxis der frühesten Kirche und die Tradition der Ostkirche zeigt" (*Optatam totius* 16). Aber es hat sich nicht von der mittelalterlichen Leistungs- und Wertungsideologie zu lösen vermocht.

henslehre auch für dogmatische Texte immer neu fällig wird. Wenn sogar die kanonischen Bücher der Bibel einer derartigen Interpretations- und Verstehensbemühung zu unterziehen sind, gilt das noch mehr – auch nach katholischer Lehre – von den Verlautbarungen der Kirche einschließlich ihrer Dogmen. Man fällt in einen fundamentalistischen Biblizismus und Dogmatismus, wenn man nicht die Texte aus ihrem je geschichtlichen Zusammenhang versteht und in bezug auf ihre jetzige Geltung nach ihrem eigentlichen Sinn für die Kirche heute befragt. Die entsprechende Aufgabe für Theologie und Kirche hat Johannes XXIII. in seiner Eröffnungsansprache für das Zweite Vatikanum hervorgehoben. „Dafür braucht es kein Konzil", hatte er gesagt, um den einen oder anderen grundlegenden Glaubensartikel zu diskutieren und die herkömmlichen Lehrmeinungen darüber zu wiederholen. Es gelte vielmehr, „einen Sprung nach vorwärts (zu tun), der einem vertieften Glaubensverständnis und der Gewissensbildung zugute kommt. Dies soll zu größerer Übereinstimmung mit dem authentischen Glaubensgut führen, indem es mit wissenschaftlichen Methoden erforscht und mit sprachlichen Ausdrucksformen des modernen Denkens dargelegt wird. Denn eines ist die Substanz der tradierten Lehre, d. h. des depositum fidei; etwas anderes ist die Formulierung, in der sie dargelegt wird" (Johannes XXIII., zit. nach Kaufmann/Klein 1990, 135f).

Deckt man den historischen Zusammenhang auf, in dem das Trienter Konzil vom „melius ac beatius" gesprochen hat, dann stößt man auf den großen Auszug von Priestern, Mönchen und Nonnen aus ihrem Zölibats- oder Gelübdestand aufgrund der reformatorischen Bewegungen. Einem derartigen Auszug wollte das Konzil wehren, nicht aber dogmatisch eine Werteordnung in der Ständehierarchie für alle Zeiten festlegen. Jedenfalls gibt die exakte Textanalyse des Can. 10 nicht mehr her.

Analysiert man diese und andere lehramtliche Texte, so lassen sich vier Begründungsmuster zugunsten des Pflichtzölibats ausmachen: 1. eine individual-psychologische Theorie mystischer Prägung. In fragwürdiger Auslegung des ohnehin fragwürdigen paulinischen Textes von 1 Kor 7,32ff heißt es, der Verheiratete bleibe innerlich geteilt zwischen der Liebe zu Christus und seiner Frau. „Die geistlichen Amtsträger hangen leichter mit ungeteiltem Herzen Christus an" (CIC 1983, Can. 271,1) oder wären „zur Ganzhingabe an Gott in vollkommener Liebe" bestimmt (*Perfectae caritatis* 11; vgl. *Optatam totius* 16). 2. eine sozial-psychologische und – ethische Theorie. Die Ganzhingabe an Gott würde die Zölibatären auch freier für den Dienst an den Menschen, am Aufbau des Reiches Gottes in der Welt und damit zum Dienst an Gott machen (*Optatam totius* 16; *Perfectae caritatis* 11); 3. eine eschatologisch-heilsgeschichtliche Theorie. Die Priester wären durch ihre Ehelosigkeit „ein lebendiges Zeichen der zukünftigen, schon jetzt in Glaube und Liebe anwesenden Welt, in der die Auferstandenen weder freien noch gefreit werden" (*Optatam totius* 16). Schließlich wirkt immer noch 4. das moralisch-kultische Muster aus Antike und Mittelalter nach, nämlich die Vorstellung, daß gelebte Sexualität den Menschen unrein für die Begegnung mit dem Heiligen mache, die Beherrschung seiner Sinnlichkeit gefährde sowie der vollkommenen Keuschheit und damit der moralischen Vollkommenheit widerstreite (s. oben 1.6).

So hat Pius XII. noch 1954 in seiner Enzyklika *Über die heilige Jungfräulichkeit* geschrieben, „daß die Verwalter der heiligen Geheimnisse nicht nur deshalb sich ganz der Ehe enthalten, weil sie ein apostolisches Amt versehen, sondern ebenso weil sie dem Altar dienen. Wenn schon die Priester des Alten Testamentes, während sie den Tempeldienst versahen, vom Gebrauch der Ehe abstanden, damit sie nicht wie die übrigen Menschen vom Gesetz als unrein erklärt würden, um wieviel mehr geziemt es sich, daß die Diener Jesu Christ, die täglich das eucharistische Opfer darbringen, in ständiger Keuschheit leben?" (Pius XII. 1954, 11f). Auch Paul VI. nimmt inhaltlich diese Argumentation noch auf (Paul VI. 1968, Nr. 13). Der große Einfluß besonders von Pius XII. auf die entsprechenden Lehrtexte des II. Vatikanums ist offenkundig (Wulf 1968, 220, Anm. 33). Dieser Papst war noch weitgehend auf die mittelalterliche Ständelehre in ihrer neuscholastischen Vermittlung festgelegt. Hier haben die Vorbereitungskommissionen sowie dann die Konzilsväter selbst keineswegs „den Sprung nach vorwärts" gewagt, den Johannes XXIII. in seiner eben zitierten Eröffnungsansprache angemahnt hatte.

Die kirchenamtlich vorgetragene katholische Lehre bleibt vielmehr in diesem Kontext nach wie vor mittelalterlich. Ihre Gründe für den Priesterzölibat resultieren aus einer Elite-Mentalität von geistlichen Amtsträgern, die aus dem Bewußtsein leben, Gottes Anruf vollkommener und würdiger zu dienen als in einem Leben der Ehe. Diese spirituelle Elite-Mentalität und ihre Auswirkung ist sozialgeschichtlich und -psychologisch noch wenig erforscht. Das Klerikerbuch von Eugen Drewermann – 1989 – stellt deshalb einen ebenso überraschenden wie beachtenswerten Vorstoß dar. Eigene Gesprächserfahrungen haben mir gezeigt, daß das Identitätsbewußtsein zahlreicher Kleriker und Ordensmitglieder im Katholizismus immer noch von einem „Auserwähltenbewußtsein" bestimmt wird. Die Betreffenden verlieren häufig innerlich geradezu die Grundlagen ihrer persönlichen und sozialen Identität, wenn ihnen gegenwärtig wird, daß sie wie alle anderen Kirchenmitglieder „ganz gewöhnliche Christen" sind. Vielleicht liegt darin der Grund, warum die älteren Mitglieder der Hierarchie, die jahrzehntelang in dem „Stand der Vollkommenheit" gelebt haben, sich so zäh und intensiv gegen dessen Krisis wehren. Gewiß wird in den offiziellen Lehrtexten immer wieder hervorgehoben, daß ihre Berufung eine Gnadengabe Gottes sei. Aber die Berufenen haben doch auch nach den theologisch unscharfen Texten selbst die Leistung des besonderen Weges zu erbringen. Ihr Erwählungsbewußtsein schließt ein, daß sie aufgrund ihrer Lebensversagungen und Lebensleistungen vor Gott auch eine besondere „Krone des Lebens" erwarten. Dieses Identitätsgefühl „vor Gott" geht dann fließend in ein Bewußtsein über, eine herausgehobene Rolle und Existenz gegenüber der übrigen Gesellschaft einzunehmen. Die kirchliche Symbolsprache tut das ihre in dieser Richtung: Die Erwählten haben eine „besondere Weihe" (*Perfectae caritatis* 5), tragen eine besondere Kleidung, die sie vom übrigen Volk abhebt, werden besonders durch die Ehelosigkeit „in einzigartiger Weise für eine größere Liebe zu Gott und zu allen Menschen frei" (a.a.O.

12). Das Leben für die Rolle wird alles, die Entpersönlichung des Einzelnen ist die Folge (Drewermann 1989, 169ff).

Sieht man sich diese Begründungskomplexe und ihre Auswirkungen in der klerikalen Mentalität an, so kann kein Zweifel darüber bestehen, wie dringend über den Zölibat von einer wirklich tragfähigen theologischen Grundlage her nachzudenken ist. Es bedarf endlich im Katholizismus jener theologischen Krisis, die die reformatorischen Kirchen mit der neuvergegenwärtigten paulinischen Rechtfertigungslehre in die Gesamtkirche eingebracht haben. Danach ist jeder, der glaubt, voll von Gott im Namen seines Christus bejaht und ungeteilt zu dessen Leben berufen. Das katholische Lehramt hat sich bis zum Zweiten Vatikanum gegen diese reformatorische Entdeckung immer wieder abzuriegeln versucht. Deshalb ließ sich das Grundparadigma aller theologisch verantwortlichen Sprache im Katholizismus auch nur schwer erlernen und konsequent durchsetzen (Pfürtner 1984), obwohl es maßgeblich in der vorreformatorischen, also auch in der mittelalterlichen Theologie vorgebildet war (Pesch 1967).

Inzwischen ist hier durch das ökumenische Gespräch Erhebliches in Bewegung gekommen. Johannes Paul II. hat bei seinem ersten Besuch in Deutschland 1980 den Rechtfertigungsartikel der *Confessio Augustana* (Art. 4) inhaltlich vor aller Öffentlichkeit als gemeinsame Bekenntnisgrundlage der getrennten Kirchen anerkannt (Johannes Paul II. 1980, 81). Er hat dabei Martin Luther ausdrücklich als einen Zeugen für die neutestamentliche Botschaft gewürdigt (a.a.O. 79). In dieser Form hatte noch kein Papst seit der Reformation zu Luther Stellung genommen.

Weiterhin hat der offiziell eingesetzte ökumenische Arbeitskreis evangelischer und katholischer Theologen zu den bis dahin als kirchentrennend geltenden gegenseitigen Verwerfungen der Reformationszeit nach langjährigen Studien abschließend erklärt: „Beiden Kirchen geht es darum, daß der Mensch Gott gegenüber in keiner Weise auf seine eigenen Bemühungen blicken kann, daß er jedoch gleichwohl ganzheitlich von der Rechtfertigung betroffen ist" (Lehrverurteilungen – kirchentrennend? 1985, 191f). So sehr über die Konsequenzen dieser Bekenntnisgrundlage für die Kirche auch noch gestritten werden mag (vgl. Herms 1984, bes. 95–132; Pesch 1982a, 25–51; Pfürtner 1981), am Fundamentalkon-

sens in der maßgeblichen „Sache Christi" für uns in Gottes Heilsgeschichte kann nicht gezweifelt werden. Damit aber ist offenkundig, daß auch Kirche und Theologie des Katholizismus hinter die
paulinische Rechtfertigungsbotschaft, reformatorisch neu vergegenwärtigt, nicht mehr zurückkönnen. Diese hat für die theologische Sprache radikal verdeutlicht, daß keine moralische oder anderweitige menschliche Leistung, kein Stand, keine Rasse und
kein Geschlecht die einen Menschen geeigneter oder würdiger für
Gott und seinen Dienst machen als die anderen. Denn die Annahme und Bejahung des Menschen durch Gott hängt nicht von
irgendeinem menschlichen Angebot, einer menschlichen Leistung
oder Würde ab. Sie ist vielmehr in Gottes freier Zuwendung, in
seiner bedingungslosen Liebe zu uns begründet. Diese Liebe hat
er uns in Jesus, seinem Christus, zugesprochen. Jedem, der auf
sein Wort des Lebens in vertrauensvollem Glauben setzt, emp-
fängt sich ganz und ungeteilt daraus zu neuem Leben, zur neuen
Identität in freier Hingabe zu Gott und den Menschen. Nicht irgendeine Rolle, nicht irgendein Stand oder gar eine gelobte Le-
bensform sexueller Dauerentsagung sind der Grund der neuen
Identität, sondern das im Glauben angenommene Lebensangebot
Gottes. Das Sich-Loslassen im vertrauensvollen Glauben, aus dem
heraus das neue Leben in Hoffnung und Liebe entspringt, bilden
somit die Mitte einer theologisch begründeten christlichen Identität.

Das Ja Gottes zum Menschen aber ist ein volles Ja, und zwar
zum je konkreten Menschen sowie zu seiner ganzen Existenz, also
auch zu seiner Geschöpflichkeit und Leiblichkeit. Dem widerspricht zunächst, den konkreten Menschen nach irgendeiner ab-
strakten Wertskala zu bemessen, den Behinderten nicht nach dem
Gesunden, die Frau nicht nach dem Mann, den Homo- nicht nach
dem Heterosexuellen. Dem steht andererseits entgegen, irgendei-
nen Schöpfungs- oder Lebensbereich mit einem Makel zu behaf-
ten. Eine theologisch verantwortliche Sprache in der Kirche fordert
daher das unmißverständliche Bekenntnis dazu, daß die aus Glauben und in Liebe gelebte Ehegemeinschaft als gute Gabe Gottes zu
bekennen ist. Der Glaube vermag Verheiratete nicht weniger zur
ganzheitlichen Hingabe an Gott und zum vollen Dienst an den
Menschen freizumachen als Unverheiratete. Auch in dieser Hin-

sicht gibt es vor Gott kein Ansehen der Person. Gibt es diese Achtungsverteilung nicht vor Gott, dann darf sie auch nicht konstitutiv für das kirchliche System sein.

Es ist hoch an der Zeit, daß sich auch die Lehramtsträger dieser zentralen theologischen Herausforderung des reformatorischen Erbes öffnen, statt weiterhin immer aufs Neue religionsgeschichtlich bedingte Standes- und Kastenmentalität im Klerus aus theologisch unverantwortlicher Ideologie- und Interessenbefangenheit zu produzieren. Ebenso müssen die Amtsträger sich endlich entscheiden, „Kirche in der Welt von heute" sein zu wollen, wie das Zweite Vatikanum es forderte. Die „heutige Welt", besonders die junge Generation, versteht längst nicht mehr die im Mittelalter entwickelte Lehre vom „Stand der Vollkommenheit". Sie hat kein Verständnis für die aus ihr geprägte Kirchensprache zum Lebensfeld der Sexualität mit ihren repressiven Grundtönen. Sie hat weitgehend zur Geschlechtlichkeit ein neues, bejahendes Verhältnis gefunden.

Die moderne Gesellschaft hat auch in ihrer überwältigenden Mehrheit ein neues zwischenmenschliches Achtungsbewußtsein entwickelt. Ihm liegt das Ethos der Menschenrechte zugrunde, wonach jeder Mensch gleicher Würde aufgrund seines Menschseins ist, und einem jeden daher ohne Unterschied des Standes und der Rasse, des Geschlechts, der Religion und der Kultur die gleichen Rechte in einem Gemeinwesen zuerkannt werden müssen (Allgemeine Menschenrechtserklärung 1948). Die moderne Entfaltung des Menschenrechtsethos, das inzwischen auch von den Kirchen vielfach anerkannt und angemahnt wird (Huber/Tödt 1978, bes. Kap. II, V u. VI; Pfürtner 1976, 38ff), ist eng mit der neuzeitlichen Geschichte der Demokratiebewegung verknüpft (Strzelewicz 1969, bes. Kap. VI). „Demokratie ist ihrem Wesen nach gleichberechtigte Teilnahme aller an der gemeinsamen Regelung der gemeinsamen Aufgaben, tendenzielle Identität von Regierenden und Regierten" (Abendroth 1973, 163, in Anlehnung an Samuel Puffendorf). Sie hat jenes gesellschaftliche Wertbewußtsein abgelöst, nach dem es für die Gestaltung des politischen Gemeinwesens gottgewollte Achtungs- und Kompetenzunterschiede aufgrund der Zugehörigkeit zu den verschiedenen Ständen (Adel, Bürgertum und niederen Gesellschaftsschichten) gibt. Der Pflichtzölibat, – und mit ihm das Hierarchiesystem der katholischen Kirche in seiner bisherigen Auslegung –, entspringt nicht nur einem vormodernen Standes- und Elitebewußtsein, sondern transportiert es auch weiter. Die entsprechende kirchliche Achtungs- und Kompetenzverteilung gehört einer vormodernen Geschichtsepoche an. Die römisch-katholische Kirche wird sich nach Art einer Großsekte weiterhin von der modernen Gesellschaft isolieren, wenn sie sich in ihrer Theologie und Kirchenpraxis nicht den Fundamenten der modernen Demokratiebewegung öffnet. Gefordert ist damit ein effektives Bekenntnis zur gleichen Würde und zu den gleichen Chancen aller Christen innerhalb der Kirche, mögen sie Mann oder Frau, Verheiratete oder Unverheiratete sein. Dem widerspricht keineswegs die Anerkennung verschiedener Dienste in der Kirche und eine entsprechende Entwicklung einer Ämtertheologie. Die reformatorische Besinnung auf das „allgemeine Priestertum aller Gläubigen" (vgl. Barth 1990), an die das Zweite Vatikanum zwar verbal, nicht aber mit der Bereitschaft zur Neugestaltung kirchlicher Wirklichkeit anschließt (*Lumen gentium* 34–36), bildet wahrhaftig eine – noch ganz unausgeschöpfte – Möglichkeit für den „Sprung nach vorwärts", den Johannes XXIII. der katholischen Kirche bei der Eröffnung des Zweiten Vatikanums angeraten hatte (s. oben S. 71, Anm. 2).

III. Bevölkerungswachstum und die Verantwortung der Kirche

1. Die Problemlage

Menschliche Geschlechtlichkeit als Gabe und Aufgabe muß in der gegenwärtigen Geschichtsphase ganz neu bedacht werden. Der europäische und amerikanische Kulturraum ist in diesem Lebensbereich nicht zuletzt durch die jüdisch-christliche Tradition geprägt. Sie hat unter anderem in dem Bibelwort ihren Ausdruck gefunden, das in 1 Mos/Gen 1,28 an das erste Menschenpaar gerichtet wird: „Seid fruchtbar und mehret euch und füllet die Erde und macht sie euch untertan". Der letzte Teil des Satzes ist in seiner teilweise sehr fragwürdigen Wirkungsgeschichte bereits breiter ins kritische Bewußtsein gehoben worden (Amery 1975). Daß er keineswegs einen Freibrief zur naturentfremdeten Ausbeutung der Erde, sondern vielmehr einen Ordnungs- und damit zugleich einen Pflege- und Kulturauftrag für das Menschengeschlecht enthielt, hat die Theologie inzwischen verdeutlicht (Huber 1990, 176–225). Der erste Teil des biblischen Satzes wurde jedoch bisher wenig in der kirchlichen oder theologischen Diskussion kritisch beachtet. Und doch ist auch über ihn in seiner zum Teil fragwürdigen Wirkungsgeschichte dringend nachzudenken.

Als er geschrieben wurde, gab es etwa 60 Millionen Menschen auf der Erde. Heute nähern wir uns der 6-Milliarden-Grenze und stehen bekanntlich längst noch nicht am Ende dieser Entwicklung (Ehlers 1983, 21f; Global 2000 1981, 143ff). Zu den Grundbedingungen des Artwesens Mensch gehörte zur Zeit der Bibelabfassung, was auch an anderen Lebewesen abzulesen war, nämlich daß der Fortbestand der eigenen Familie, Sippe oder Stammesgemeinschaft nur durch intensive Geburtenzahl zu sichern war. Das mußte aufgrund der großen Sterblichkeitsziffer (vor allem bei Kleinkindern und Jugendlichen) durch eine im Ansatz überschüssige Fortpflanzung geschehen. In Anlehnung an Teilhard de Chardin äußert Pia Gyger dazu: „Das wichtigste Ziel der Geschlechtlichkeit war während Jahrtausenden die Arterhaltung. Die Erde mußte bevölkert werden, das Leben durfte auf dem Planeten nicht verschwinden" (Gyger 1988, 28). Die Autorin verbindet – wiederum im Sinne von Teilhard – mit diesen Bedingungen zu Recht die Ausgestaltung der traditionellen Geschlechtsmoral: „Daher war im Christentum (aber auch in vielen anderen Religionen und Kulturen) fast der gesamte sittliche Kodex auf das Kind gegründet, das heißt, erster Zweck der Ehe war die Fortpflanzung" (ebd.).

Die nun eingetretene „Bevölkerungsexplosion" nötigt die Frage auf, ob die biologische Dynamik der Menschheit nicht aus einer spontanen Zeugungsfreudigkeit heraus außer Kontrolle geraten ist und ob es nicht hoch an der Zeit ist, menschliche Geschlechtlichkeit in ihrer Sinn- oder Zweckbestimmung neu zu erfassen. Es sieht so aus, als ob das Artwesen Mensch aufgrund seines schier ungehemmten Wachstums dabei ist, diese Erde gründlich zu gefährden statt aus ihr einen Paradiesesgarten zu machen. Denn mit seiner milliardenfachen Anzahl betreibt es schon jetzt einen ungeheuren Verdrängungsprozeß von anderen pflanzlichen und tierischen Lebewesen. Ist die Menschheit also auf dem besten Weg, durch ihr unkontrolliertes Bevölkerungswachstum zunächst anderen Artwesen und dann sich selbst die Existenzgrundlage zu entziehen und damit schließlich die Selbstvernichtung zu betreiben? Aus der Artentwicklung der Erdgeschichte gelten vergleichbare Vorgänge als gegeben.

2. Läßt sich die Wachstumsgrenze bestimmen?
Zur bevölkerungswissenschaftlichen Diskussion

Die Sorge um die rechte Bevölkerungsgröße auf der Erde oder in den eigenen Gemeinwesen beschäftigte schon Menschen in der Antike. Aristoteles (384–322 v. Chr.) hat dazu Beachtenswertes geäußert: „Die wichtigste Grundlage für den Staat ist die Zahl der Menschen", sagte er in seiner „Politik" (VII,4. 1326 a 5ff), „wie viele und welcher Art sie naturgemäß sein sollen, und ebenso wie groß und von was für einer Beschaffenheit das Gebiet sein soll. Die meisten Leute meinen, ein Staat, der die Menschen glücklich machen könne, müsse groß sein. Aber auch wenn das wahr ist, so wissen sie doch nicht, was eigentlich groß und klein bei Staaten bedeuten soll. Sie beurteilen nämlich Größe nach der zahlenmäßigen Menge der Bewohner; man muß aber nicht so sehr auf die Menge (Plethos) als auf die Leistungskraft (Dynamis) achten. (...) Eine große und eine volkreiche Stadt ist nicht dasselbe (...). Auch für die Größe von Staaten gibt es eine Grenze, so wie für jedes andere Ding, für Pflanzen, Tiere und Handwerkzeuge; denn diese verlieren ihre natürliche Wirksamkeit, wenn sie zu groß oder wenn sie zu klein sind; entweder gehen sie völlig ihrer Eigenart verlustig oder sie werden zerstört". Der hier zur Sprache gebrachte Zusammenhang hat bevölkerungswissenschaftlich seine Bedeutung bis heute behalten: Die rechte Bevölkerungsgröße eines Volkes, eines Staates oder – in unserem Fall – der Erde ist nicht nur eine Sache der Zahl, sondern auch der Leistungskraft der Bewohner im Rahmen ihrer Existenzgrundlagen. Oder noch allgemeiner formuliert: Das rechte ,,Gleichgewicht" in Sachen Bevölkerungsgröße ist nur aus der Beziehung zwischen Quantität und Qualität auszumachen (Kaufmann 1975).

In der Neuzeit hat Thomas Robert Malthus (,,Essay on the Principle of Population" London 1798) zwei Faktorenketten herausgestellt: 1. das Bevölkerungswachstum mit seiner besonderen Progressionsart – inzwischen spricht man von ihr als einem ,,exponentiellen Wachstum" (Die Grenzen des Wachstums 1973, 25) und 2. die agrare Tragfähigkeit eines Landes. Bis vor wenigen Jahrzehnten wurde die Krise des Bevölkerungswachstums in seiner weltweiten Dimension weitgehend aus diesem Beziehungsverhältnis bestimmt. Die Hauptfrage lautete also: Wann ist jene Bevölkerungsgrenze erreicht, über die hinaus die Erde die Menschen nicht mehr ernähren kann? Trotz aller Kontroversen der Fachforschung in Einzelheiten scheint es hierzu eine positive Endbilanz zu geben. Sie besagt, daß seitens der Agrarreserven der Erde keine Existenzbedrohung für die Weltbevölkerung in absehbarer Zeit zu befürchten sei. ,,Allein durch die Erschließung neuer Landreserven sowie durch die Ertragssteigerung der land- und viehwirtschaftlichen Produktion kann die Bevölkerung der Erde, auch bei ungehemmtem Wachstum, künftighin ernährt werden" (Ehlers 1983, 27). Grundsätzlich bleibt festzuhalten, daß Hunger und Unterernährung in den meisten Ländern der sogenannten ,,Dritten Welt" nicht auf Überbevölkerung (im Verhältnis zum bebaubaren Land) zurückgehen, sondern auf ungerechte Besitzverteilung und ungerechte Sozialstrukturen insgesamt, und vor allem auf landwirtschaftliche Exportproduktion zu Lasten der Eigenversorgung. Gerade die Verschuldungskrise verschärft diesen Zwang zur Devisenerwirtschaftung. Neben einer verantwortlichen Bevölkerungspolitik sind daher vor allem gerechte Welthandelsbeziehungen und eine gerechte internationale Finanzordnung einzuklagen. Dazu gehört eine angemessene Lösung der Verschuldungskrise.

Ehlers fügt seinem erfreulichen Ergebnis freilich den Hinweis auf einen weiteren Problemzusammenhang hinzu: Der bedenkenlose Umgang mit den Landreserven und den Ertragssteigerungsmethoden hätten zum Teil Bodenerosion, Klimawandel sowie Umweltverschmutzungen in erheblichem Maß mit sich gebracht. Diese negativen Wirkungen „beeinflussen den Naturhaushalt nachhaltig und stellen somit etliche Nutzeffekte zugleich wieder in Frage" (a.a.O. 28). Damit wird zu einem umfassenden Problemzusammenhang übergeleitet. Die kritische Grenze des weltweiten Bevölkerungswachstums wird inzwischen nämlich nicht allein, ja nicht einmal vorrangig durch die agrare Tragfähigkeit der Erde gesetzt. Schon 1972 hat der „Club of Rome" mit seiner Studie „Grenzen des Wachstums" der Weltöffentlichkeit bewußt zu machen versucht, daß die Koordinatensysteme erheblich zu erweitern sind. Außer den Agrarreserven sind Rohstoff- und Energievorräte mit dem Bevölkerungswachstum in Korrelation zu bringen. Dabei wurde auch der Faktor Umweltverschmutzung mit der begrenzten diesbezüglichen Tragfähigkeit unseres Planeten angesprochen (Grenzen des Wachstums 1973, 144ff).

Die fundamentale Problemanzeige hat ihre Bedeutung behalten, auch wenn einzelne Vorausberechnungen oder -perspektiven in ihr modifiziert werden mußten oder konnten. Das gegebene Hauptsignal besitzt ungeschmälerte Aktualität. Es lautet: Die Erde und die sie bevölkernde Menschheit haben Grenzen des Wachstums. Diese rücken – anders als in früheren Geschichtsepochen – besorgniserregend nahe. Wenn keine grundlegenden Umsteuerungen erfolgen, wird das derzeitige Wirtschafts-, Produktions- und Bevölkerungswachstum kein lebensförderndes, sondern ein lebenszerstörendes, also ein Wachstum zum Tode werden.

Es sieht freilich so aus, als ob der unheilvollen Voraussage eine rettende Aussicht entgegenstände. Die Bevölkerungswissenschaftler gehen nämlich weitgehend davon aus, daß sich das Menschheitswachstum einer gewissen ,,Wende" nähert. ,,Das derzeit schnelle Wachstum wird sich verlangsamen und über eine Abnahme der Geburtlichkeit bei gleichzeitig verlangsamender Sterblichkeit einem neuen Gleichgewicht zustreben" (Ehlers 1983, 21). Die Theorie der ,,Wende", auch ,,demographische Transformation" genannt, wird zwar diskutiert (Kaufmann 1975, 46ff), hat jedoch unter Experten weitgehend Anerkennung gefunden. Sie besagt, ,,daß die weltweite ,Modernisierung' und Verwestlichung bei jeder Bevölkerung den Übergang von einem Gleichgewicht bei hoher Sterblichkeit und hoher Fruchtbarkeit zu einem solchen bei niedriger Sterblichkeit und Fruchtbarkeit einleitet" (Hauser 1983, 77). Vorerst freilich kommt noch die Eigendynamik der Bevölkerungsentwicklung zum Zuge. Darunter versteht man ,,die ungeheure Kraft, die in dem jungen Altersaufbau der Weltbevölkerung steckt und die uns – von großen Katastrophen abgesehen – unvermeidlich ein großes Bevölkerungswachstum bis weit ins nächste Jahrhundert beschert. Das in der Eigendynamik versteckte, unvermeidliche potentielle Bevölkerungswachstum läßt sich leicht errechnen, indem wir annehmen, daß ab jetzt alle Eltern nur noch zwei Kinder zur Welt brächten und so Vater und Mutter gerade noch ersetzen würden. Das Resultat dieser Rechnung ist frappierend: allein diese Eigendynamik läßt die Weltbevölkerung mit absoluter Sicherheit um weitere 2 Mrd. Menschen anwachsen, wobei mehr als 1,6 Mrd. auf die Dritte Welt entfallen" (Hauser a.a.O.). Unter Berücksichtigung der ,,demographischen Transformation" kommen die Fachstudien mehr oder weniger darin überein, daß die Weltbevölkerung auf die Größe von 10 bis 12 Milliarden zugeht, sich dann aber gegen Ende des nächsten Jahrhunderts auf diesem Niveau stabilisieren wird (Ehlers 1983, 29).

Kann man sich mit diesen Aussichten beruhigen? Schon die angesprochene ,,Modernisierung und Verwestlichung" als Bedingung zur ,,demographischen Transformation" enthält zahlreiche Probleme. Nicht zuletzt ist darin die Herausforderung zu einer neuen internationalen Verteilungsgerechtigkeit enthalten. Wer redlich für die Zukunft der Menschheit eine Weltfriedensordnung will, muß allen Teilen der Weltbevölkerung das gleiche Niveau an Lebensqualität und Wohlstand zuerkennen. Soziale Gerechtigkeit verbietet es, sich mit dem derzeitigen Gefälle zwischen dem Reichtum der Industrienationen und der Armut der übrigen ,,Zwei-Drittel-Welt'' abzufinden oder die Weltdifferenz gar als Zielvorgabe festschreiben zu wollen. Damit ist in erster Linie eine fundamentale Neubesinnung der Industrienationen in Sachen ihres Lebenskonsums und ihres Energieverbrauchs gefordert. Die Industrieländer sind für etwa 80% des weltweiten Energieverbrauchs verantwortlich! Allein in der alten Bundesrepublik gibt es mehr Autos als in ganz Schwarzafrika! Wenn wir unseren eigenen Lebensstil verallgemeinern wollten, wäre unser Planet schon längst dem ökologischen Kollaps erlegen. Es ist also mehr als irreführend, für die ökologische Krise das Bevölkerungswachstum in der ,,Dritten Welt'' verantwortlich zu machen. Solche Argumente haben oft nur die Funktion, von den dringend nötigen Weichenstellungen bei uns abzulenken. Andererseits muß es als illusionär und abwegig bezeichnet werden, eine Weltzukunft der technologischen und ökologischen Unschuld nach Maßgabe einer vorindustriellen Weltepoche anzustreben. Die gerechte Partizipation der bisher benachteiligten Völker an der Lebensqualität der anderen wird jedoch selbst bei gleichzeitiger Umsteuerung der Industrienationen in Sachen ihrer exzessiven Ausbeutung eine weitere Beanspruchung der Erdressourcen sowie eine zunehmende Belastung des Welt-Ökosystems mit sich bringen. Damit aber gerät das bevorstehende Bevölkerungswachstum in einen neuen zukunftsbedrohenden Zusammenhang.

3. Die neue Qualität der Weltgefährdung
Bevölkerungswachstum im Kontext der ökologischen Krise

Die Zerstörung des ökologischen Gleichgewichts durch die Industriegesellschaften ist im Kontext des Bevölkerungswachstums zum vorrangigen Faktor der Zukunftsbedrohung unserer Erde geworden. Die Einsicht in dieses Korrelationsverhältnis ist bisher nicht hinreichend breit ins öffentliche Bewußtsein gerückt. Erst der Zusammenhang der Faktoren macht die grundlegende Zukunftsbedrohung aus. In der bevölkerungswissenschaftlichen Diskussion wurde bisher vor allem der Faktor ,,Umweltverschmutzung'' gründlich unterschätzt. Selbst in der Studie des ,,Club of Rome'' sieht es teilweise so aus, als ob dieser ,,negative Regelkreis'' im Ganzen ungefährlich verbleibe (Grenzen des Wachstums 1973, Abb. 44–48). Immerhin haben die Autoren jedoch in einer Computer-Simulation schon damals die mögliche Weltgefahr ins Auge gefaßt. Die gesteigerte Industrieproduktion könne, so hieß es, die Umweltverschmutzung in ungeahnte Höhen treiben, so daß es zu einer unmittelbaren Erhöhung der Sterberate und zu einem Rückgang der Nahrungsmittelerzeugung käme (a.a.O. Abb. 36). Nach knapp zwanzig Jahren hat diese Vorausberechnung ihre erste Bestätigung erfahren. Drohende Klimakatastrophe, Waldsterben, Verseuchung von Luft und Meeren, von Flüssen und Grundwasser durch ungeklärte Abwassereinleitung zahlreicher Großstädte oder von Industrie- und Chemielasten, die ganz ungelöste Atommüllversorgung sowie der ungeahnte Anstieg des Haus- und Verpackungsmülls liefern die Beispiele dafür. Die Industrievölker erfahren immer mehr, daß ihnen und ihren Kindern Gesundheitsschäden mit manchmal lebensgefährlichen Folgen entweder bereits zugemutet werden oder dringend ins Haus stehen. ,,Europas Luft wirkt oft tödlich'' – so überschreibt die Presse einen geheimen Report der Weltgesundheitsorganisation (WHO), der am 13. September 1990 in Genf öffentlich gemacht werden konnte (FR v. 14. 9. 90).

Die derzeitigen Befunde sind nur Vorboten des ökologischen Kollapses, der unserem Planeten durch Schadstoffimmissionen der sich weiterentwickelnden Industriegesellschaft droht. Von daher gesehen übersteigt die bevorstehende Bevölkerungsgröße der Erde von 10 bis 12 Milliarden Menschen unter Berücksichtigung ihrer Wirtschafts- und Konsumdynamik mit der daraus folgenden Umweltbelastung bei weitem die ökologische Fassungskraft unseres Planeten, wenn es nicht zu grundlegenden Umsteuerungen im Verhältnis von Ökonomie- und Technologiewachstum zur Ökologie kommt.

Zwar können westliche Industrieländer inzwischen darauf hinweisen, daß sie erhebliche Mittel für den Umweltschutz einsetzen. · So begrüßenswert derartige Bemühungen im einzelnen sein mögen, an der grundlegenden Situation hat das nichts einschneidendes geändert. Die Müllproduktion der Weltgesellschaft und mit ihr die Schadstoffimmissionen in Luft, Wasser und Erde nehmen unvermindert zu. „Müll" meint dabei alles, was nicht mehr ins Recycling aufgenommen werden kann und „weggeworfen" werden muß.

Das Gesagte könnte an verschiedenen Beispielfeldern des Ökosystems erläutert werden. Hier muß es reichen, eines herauszugreifen: Die Umweltkrise durch das Auto im Rahmen der drohenden Klimakatastrophe. Vor wenigen Jahren gelang es Paul Crutzen und Frank Arnold (Max-Planck-Institut von Mainz und Heidelberg), „den grundsätzlichen Zusammenhang zwischen der Produktion von FCKW (Fluor-Chlor-Kohlenwasserstoffen) und Ozonschwund mit der von Politikern und Industrie geforderten ‚naturwissenschaftlichen Exaktheit' zu beweisen" (Frankfurter Rundschau/FR v. 29. 6. 88). So wurde in den Medien über die Welt-Klima-Konferenz von Toronto berichtet. 1982 war erstmals beobachtet worden, daß die Ozonschicht über der Antarktis aufriß. Inzwischen hat sich gezeigt, daß es sich keineswegs nur um die Südpolregion handelt, sondern die „schützende Gashülle nach neuesten Erkenntnissen allgemein geschädigt ist" (FR v. 28. 9. 88). Der Ozonhülle ist bekanntlich zu verdanken, daß die harten ultravioletten Strahlungen der Sonne hinreichend gefiltert werden. Ohne diesen Filter würden die UV-Strahlen alles Leben verbrennen und unseren Planeten wie andere zu riesigen Wüsten verwandeln. Der Ozongürtel begann sich vor etwa 450 Mio. Jahren zu bilden. Seine Wiederherstellung ist ebenso kompliziert wie langwierig, eine Umsteuerung seiner derzeitigen Schädigung in kurzfristigem Abstand nicht möglich. Die Schäden, die wir jetzt beobachten, sind durch jene Schadstoffimmissionen verursacht, die vor etwa 60 Jahren begannen. Was danach an Schadstoffausschüttungen kam, wird erst in den folgenden Jahrzehnten zu Tage treten, und zwar unwiderruflich.

Die drohende Klimakatastrophe wird nun – und auch das ist inzwischen hinreichend erwiesen – nicht nur durch die Zerstörung der Ozonschutzschicht in der Stratosphäre verursacht, sondern zusätzlich durch die „Treibhausglocke". Diese kommt durch Gase zustande, – etwa 30 an der Zahl –, die in die Luft als Schadstoffe abgegeben wurden bzw. werden. Sie verhindern die Abstrahlung der Sonnenwärme in den Weltraum und führen zur Aufheizung der Erdtemperaturen (Bach u. Lesch 1989). Vorrangig wird die „Gasglocke" durch Verbrennen von fossilen Brennstoffen hervorgerufen, also von Kohle, Öl, Gas und Holz, wobei u. a. Kohlendioxid, Methan und Distickstoffoxid entstehen. Die Kohlenstoffimmission allein betrug in der Bundesrepublik 1987 ca. 790 Mio. Tonnen (a.a.O. 7). Aufgrund dieser Prozesse veranschlagen manche Berechnungen bereits für 2015 einen Temperaturenanstieg in der Erdatmosphäre von 1,6 bis 4,7 Grad, für 2075 bis zu 16 Grad C. (Bericht der Welt-Klima-Konferenz von Toronto, FR v. 29. 6. 88)[1]. Unter diesen Bedingungen ist mit außerordentlich einschneidenden agro-biologischen und anderweitigen Auswirkungen zu rechnen, d. h. mit umfänglichen Versteppungen, mit erheblichem Anstieg der Meeresspiegel durch globale Abschmelzungen der Gletscherbestände, mit großräumigen Verlusten bisheriger, z. T. dicht genutzter Siedlungsgebiete. „Wir spielen tödliche Spiele mit unserem Lebenserhaltungssystem", diagnostizierte die norwegische Ministerpräsidentin Bro Harlem Brundtland in Toronto die Weltlage (FR v. 5. 6. 90).

Unter den Verursacherfaktoren dieser Klimaentwicklung haben die Verkehrsmittel wie PKWs, LKWs, Flugzeuge, Bahn, Busse und Schiffe einen maßgeblichen Anteil. Sie beanspruchen in der Bundesrepublik inzwischen ein Viertel des Gesamt-Energieverbrauchs. Dem Individualverkehr kommt eine herausragende Steigerungsrate zu: Während 1960 nur 5% auf ihn fielen, sind es inzwischen 20% (FR vom 5. 6. 90).

An dieser Stelle ist auch dem „Laien" eine eigene Urteilsbildung ohne komplizierte Simulationsmodelle über zukünftige Entwicklungen möglich. 1988 gab es weltweit rd. 430 Mio. Autos,

---

[1] Die Aussagen über derzeitige technologische oder naturwissenschaftliche Vorgänge werden hier (wie auch vorher schon) zum Teil auf Presseberichte gestützt. Die schnellen Entwicklungen wissenschaftlicher Forschung, Technologie und Umweltpolitik machen es geradezu unmöglich, alle einschlägigen Originalstudien oder – tagungsberichte selbst einzusehen. Aufgrund der meist großen Sorgfalt im Wissenschaftsjournalismus halte ich methodisch die Berufung auf derartige Pressemitteilungen für gerechtfertigt. Dabei wird vorausgesetzt, daß die pluralistischen Informationskanäle den Lesern eine kritische Kontrolle der Einzelmeldungen ermöglichen.

fünfmal soviel als vor 30 Jahren. In den USA kommt statistisch auf 1,8 Einwohner ein Auto, in Westeuropa auf 2,9 Personen, in Osteuropa auf 11, in Afrika auf 112, in China aber nur auf 2022 (Studie des Worldwatch-Instituts Washington 1988, Bericht FR vom 21. 6. 88). Wie sähe es aus, wenn allein schon China seinen Abstand ausgleichen und auf das Niveau der USA anheben wollte? Dann müßten nur für dieses Land etwa 566 Millionen Autos gebaut werden. Zählt man die anderen nichtindustrialisierten Staaten oder Sub-/Kontinente der ,,Dritten Welt'' und deren Bevölkerungswachstum hinzu, gerät man in schwindelnde Höhen des Autobedarfs – und des weltweiten Schadstoffausstoßes. Einen derartigen Umfang an Verschmutzungslasten kann das Ökosystem Luft – von dem des Wassers oder der Erde abgesehen – schlechthin nicht fassen. Es muß unweigerlich zur Klimakatastrophe kommen. Der Einstieg in die Atomwirtschaft zur Ablösung der Energiegewinnung aus fossilen Brennstoffen hat sich als Irrweg erwiesen. Die Energiegewinnung muß auf andere Weise erfolgen, um einerseits zur Deckung des wirklich notwendigen Energiebedarfs und andererseits zur unerläßlichen Schadstoffdrosselung zu kommen (Bach/Lesch 1989, 8; FEST 1986).

Zugegeben, die Erörterungen am Beispiel Chinas stellen eine Hochrechnung dar. Man kann gegen diese einwenden, daß sie tatsächlich nicht eintreten wird. Die erste Variable müßte darin liegen, daß die Industrienationen von ihrem derzeitigen ,,Autowahn'' abkommen und darüber hinaus ihren Energieverbrauch drastisch senken. Dann würde sich auch der Autotrend in den anderen Völkern der Erde abschwächen. Zum anderen könnte die Autoindustrie neue und bessere Technologien zur Herabsetzung des derzeitig hohen Brennstoffverbrauchs und Schadstoffausstoßes entwickeln oder sogar ganz auf ,,sanfte Energien'' umschalten. Aber allein schon diese Variablen zeigen, wie weit hier die gesellschaftliche Realität in Ökonomie und Technik von ökologischen und sozialgerechten Vorstellungen entfernt sind. Die ostdeutschen und osteuropäischen Entwicklungen setzen völlig ungebrochen – und wie blauäugig in Sachen der Umweltbelastungen gerade in Fragen von Automobil- und Straßenbau! – auf Wirtschafts- und Wohlstandswachstum. Die ,,mobile Gesellschaft'' hat weltweit längst ihren Einzug gehalten, und mit ihr der Trend zum

eigenen Auto. Zugegeben, es ist nicht Sache sozial- und umwelt-
ethischer Reflexion, sich einfach mit Tatsachenverhältnissen abzufinden. Aber es darf auch nicht ihre Sache sein, an der Realität
vorbei zu phantasieren.

Wenn man vom Ziel einer weltweit gerechteren Güterverteilung
und Wohlstandspartizipation ausgeht, wenn man weiterhin Vorstellungen jedes Agrarkommunismus für unvertretbar hält, dann
stehen unserem Planeten in jedem Fall ungeheure Belastungen
seines Ökosystems ins Haus. Obwohl vor allem bei einer radikalen
Veränderung unserer verschwenderischen und irrationalen
Wachstumswirtschaft anzusetzen ist, ist auch die Zunahme der
Weltbevölkerung nicht unerheblich. Ihre Auswirkungen sind mit
den anderen in engster Weise vernetzt. Daraus ergibt sich eine
Devise für die Weltzukunft, die nicht zuletzt zum Ethos dieser
Zukunft gehört. Sie knüpft an das an, was durch die Ökostudie
,,Die Grenzen des Wachstums" (1973) oder von einzelnen Mah-
nern wie Ivan Illich (1974; ders. 1980; vgl. Pfürtner 1985) und Hans
Jonas (1979; ders. 1987) zur Sprache gebracht worden ist. Auch der
konziliare Prozeß ,,Gerechtigkeit, Frieden und Bewahrung der
Schöpfung" hat eine wichtige Perspektive dazu thematisiert. Sie
lautet: Die Menschheit steht unausweichlich vor der Herausforderung, ihr eigenes expansives Wachstum zusammen mit dem in
Wirtschaft und Technik der Selbstkritik und Selbstbegrenzung zu
unterwerfen.

4. Die Verantwortung der Menschheit für die Grenzen ihres eigenen Wachstums

Kirche und Theologie sind gefordert

Erst die aufgezeigte Ursachen-Vernetzung macht deutlich, in welcher Dringlichkeit die Menschheit in Fragen ihres Bevölkerungswachstums zur Verantwortung gerufen ist. Wie sie an die Grenzen
des Technologiewachstums mit der Rohstoffausbeutung und Öko-
belastung der Erde stößt, gerät sie an die Grenzen ihrer eigenen
Expansion. Einen entsprechenden Wachstumsstopp anzustreben,
ist ihr unbedingt aufgegeben, und zwar als Vorgang ihrer freiwilligen Selbstbegrenzung. Fortpflanzung kann und darf in Zukunft

89

nicht mehr vorrangig eine Sache der biologischen Natur sein. Vielmehr ist eine generative Kultur der zeugungsfähigen Paare gefordert, die eine verantwortliche Praxis in Sachen Bevölkerungswachstum einschließt.

Damit hat das biblische Wort des „Wachset und mehret euch" keineswegs rundherum seine Geltung verloren. Aber es ist in einem anderen, in einem neueren geschichtlichen Kontext zu vernehmen als vor dreitausend Jahren. Die Bibel ist gläubigen Christen ohnehin als Zuspruch von Gottes Verheißung gegeben, nicht als ein Buch zur wissenschaftlichen, hier also zur demographischen Information oder als Gesetzeskodex für Fortpflanzungsverhalten. Gottes Wort wollte und will weiterhin für Menschen Lebensvertrauen erwecken, will Hoffnung gründen und stark machen, will Liebe unter Menschen aufbrechen lassen und ihr Kraft verleihen. Das gilt auch von dem Wort aus der Schöpfungsgeschichte. Es hatte aufgrund der Bevölkerungssituation vor Jahrtausenden zwar einen anderen „Sitz im Leben" als heute. Aber es birgt auch jetzt noch für diejenigen, die sich für Kinder in unserer bedrohten Welt entscheiden, die Kraft der Lebensverheißung in sich. Eltern heute brauchen nicht weniger als diejenigen früherer Generationen diese Kraft. Rationale Absicherungen allein können die entsprechende Zuversicht nicht hinreichend vermitteln. Das Bibelwort bezieht sich nicht nur auf das Wagnis im persönlichen Umkreis, sondern erstreckt sich auch auf die bedrohte Weltzukunft.

Das „Wachset und mehret euch" meint jedoch keineswegs eine realitätsblinde und damit unvernünftige Handlungsorientierung des Menschen. Im Gegenteil, das Wort enthält bereits so etwas wie einen Kulturauftrag an „das erste Menschenpaar". Es schließt keineswegs einen Vermehrungsauftrag in einem Ausmaß ein, durch das das Menschengeschlecht seine Selbstzerstörung herbeiführt.

Daraus erwächst für die Kultur menschlicher Geschlechtlichkeit auch aus dem Kontext der Bevölkerungsproblematik die Forderung nach einer epochengeschichtlichen Neuorientierung. Menschliche Geschlechtlichkeit darf nicht mehr in erster Linie oder sogar exklusiv von ihrem Fortpflanzungszweck bestimmt und legitimiert werden. Die Kultur- und Sozialanthropologie hat vielfach nachgewiesen, daß es unserer Sexualität zukommt, Erfahrungen von eigener Körperidentität, von Wir-Bildung oder partnerschaftlicher Verbundenheit und Nähe, von Lebenslust und Lebensfreude zu vermitteln. Diese wissenschaftlichen Einsichten wurden längst in die theologische Diskussion eingebracht (Pfürtner 1972, 281ff). Es ist hohe Zeit, daß Sexualität in diesen ihren Valenzen auch in der kirchlichen Sprache, Lehre und Praxis gewürdigt, d. h. theologisch auch ohne den Fortpflanzungszweck als Gabe Gottes anerkannt und sittlich geachtet wird. Gabe meint im theologischen Verständnis immer zuerst Geschenk und Chance, zugleich aber auch Aufgabe zur guten Gestaltung. Gelebte Geschlechtlichkeit ohne den Fortpflanzungszweck für „Sünde" zu erklären, bildete in der Vergangenheit den Kern der repressiven Sexualmoral in Kirche und Gesellschaft. In diesem zentralen Kontext hat die Neuorientierung zu erfolgen.

Eine unter anderen Folgerungen daraus wäre die Aufforderung an Theologie und Kirche, die ökologische Verantwortung für die Grenzen des Bevölkerungswachstums endlich in die Liste vorrangiger Handlungsgebote aufzunehmen. Welche Themen hat kirchliche Morallehre zu Sexualfragen in der Vergangenheit nicht ausgebreitet? Die Verantwortung für demographische Fragen tauchte im Themenkatalog entweder gar nicht oder nur ganz am Rande auf (s. Böckle u. a., o. J. [1990], 25). Dabei geht es hier wahrhaftig um ein existentielles Problem der Menschheit und ihres Überlebens. Zwar hatte Johannes XXIII. zu Konzilsbeginn noch eine Kommission eingesetzt, die sich der demographischen Entwicklung der Menschheit widmen und aus dieser umfassenden Perspektive heraus die Probleme der Empfängnisregelung prüfen sollte. Leider beschränkte sich die spätere Kommissionsarbeit unter Paul VI. nur auf die letzteren und geriet damit von vornherein in die Engführung einer Sexualmoral im privaten Bereich.

Besonders bedauerlich ist, daß eine Großkirche wie die römisch-katholische sich bisher offiziell nicht zur Bejahung gangbarer und effektiver Wege der Empfängnisregelung entschließen konnte. Man könnte sich damit beruhigen, daß die gesellschaftliche Wirklichkeit den lehramtlichen Auffassungen und Moralnormierungen doch längst fortgelaufen sei. Denn auch praktizierende Katholiken haben sich bekanntlich in breitem Umfang aus sittlicher Überzeugung heraus, d. h. aus ihrer eigenen Gewissenskompetenz, für eine selbstverantwortliche Geburtenregelung entschieden. Ein

derartiger Beschwichtigungsversuch ist aber in vieler Hinsicht un-
befriedigend.

5. Johannes Paul II. ist anzuklagen

Die Kirchen haben immer noch – nicht zuletzt in den Schwellen-
ländern oder denen der sogenannten Dritten Welt – erhebliche
Möglichkeiten der Wertevermittlung oder Moralerziehung. Hinzu
kommen kirchen- oder gar wirtschaftspolitische Einflußmöglich-
keiten, z. B. in der kirchlichen Entwicklungshilfe. So anerkennens-
wert es ist, wenn Theologie und Kirche sich für eine größere soziale Gerechtigkeit zugunsten der Ärmsten weltweit einsetzen, die
Worte von Papst und Bischöfen werden unglaubwürdig, solange
sie die verantwortliche Verwendung von unschädlichen Verhü-
tungs- und Schutzmitteln immer wieder diskriminieren. Die lehramtliche Position des Vatikans auf diesem Gebiet ist als histori-
scher Skandal zu bezeichnen. Der Papst macht sich in einer geradezu fundamentalistischen Verantwortungslosigkeit aus ideologi-
scher Blindheit an unzähligen Menschenleben schuldig.

Diese öffentliche Anklage kann an der Lage der „Entwicklungs-
länder" überprüft werden. In ihnen stirbt nach einer Erklärung der
WHO in Genf vom 24. 9. 1990 jedes zwölfte Kleinkind an Unterernährung während des 1. Lebensjahres. 20 Millionen Babys würden pro Jahr schon mit lebensgefährlichem Untergewicht geboren
und hätten kaum eine Chance zu überleben. „Die hohe Sterblichkeit von Babys wird auf die mangelhafte Ernährung der Mütter,
Infektionen während der Schwangerschaft, Komplikationen bei
der Geburt sowie auf Tabak- und Alkoholkonsum der Schwange-
ren zurückgeführt", berichtet epd aus der WHO-Erklärung. „In
vielen unterentwickelten Ländern sei es unverheirateten Frauen
verboten, Verhütungsmittel zu benutzen oder sich über Methoden
des Selbstschutzes beim Geschlechtsverkehr beraten zu lassen.
Während in den Industrieländern 70 Prozent der Frauen Methoden der Empfängnisverhütung anwendeten, seien es in Afrika
knapp 11 Prozent. Dort ist den Frauen häufig ,aus religiösen Gründen' eine Verhütung untersagt" (epd/zit. nach FR v. 25. 9. 90).
Diese Weltsituation bildet den Hintergrund, auf dem Johannes

Paul II. mit seiner ,,Morallehre" kritisch zu betrachten ist. Zugegeben, die angesprochene Zahl der Weltbevölkerung wird nur zu einem Teil von kirchlichem oder gar katholischem Einfluß erreicht. Aber der restliche Teil ist immer noch groß genug. Hat der Papst wirklich nicht die Folgewirkungen seiner ,,Lehrverkündigung" im Auge, nämlich daß er mit ihr dazu beiträgt, daß die Ärmsten der Armen auf der Welt durch ungewollte Geburten in noch größeres Elend gestürzt werden?

Dabei steigert AIDS gründlich die Fragwürdigkeit der herkömmlichen katholischen Sexualmoral. Johannes Paul II. hat im September 1990 bei seinen ,,pastoralen Reisen" in afrikanischen Ländern die Verwendung von Kondomen öffentlich als unmoralisch hingestellt. Niemand wird bestreiten, daß der sicherste Schutz gegen AIDS die lebenslange monogame Treue beider Partner mit einer entsprechenden Enthaltsamkeit vor der Ehe ist. Die Breite der Bevölkerung hat jedoch dieses Lebensmodell, aus welchen Gründen auch immer, nicht angenommen. Eine glaubwürdige Morallehre darf sich nicht nur an vorgestellter Idealität bemessen. Sie hat auch faktische Verhältnisse, d. h. nicht zuletzt die gesellschaftliche Wirklichkeit zu berücksichtigen. Lehrer, ob mit oder ohne geistliche Autorität, denen es gleichgültig ist, was aus ihren Theorien als Wirkung für die Menschen und ihr konkretes Leben folgt, machen sich am Leben schuldig.

Hier das erschütternde Beispiel aus Afrika: Ruanda gehört zu den ärmsten Staaten des Kontinents. In Kigali, seiner Hauptstadt, ,,waren 1986 bereits 27 Prozent der 15- bis 40jährigen am (AIDS-) Virus erkrankt. Im Spital von Kigali ist heute jede dritte Frau, die dort ihr Kind auf die Welt bringt, aidspositiv . . . Jedes sechste Kind kommt mit dem Virus zur Welt" (Leuthold 1990, 13). Die katholische Hierarchie hat vor Ort einen großen Einfluß. ,,Sie verbietet nicht nur den Gebrauch von Präservativen, sondern verhindert auch den Aufklärungsunterricht (und also die AIDS-Prävention) an den Primarschulen . . . Für eine wirksame AIDS-Bekämpfung ist die gegenseitige Abhängigkeit von Kirche und Staat fatal . . . Der arme, von Entwicklungsgeldern abhängige Staat kann es sich nicht leisten, die Kirche zu verärgern. So wird das AIDS-Problem vor allem totgeschwiegen. Eifersüchtig sucht das Gesundheitsministerium alle Aktivitäten zur AIDS-Prävention zu kontrollieren –

und damit auch die Mittel, die zu diesem Zweck aus dem Ausland kommen" (ebenda).

Man kann mit Fug annehmen, daß der Papst diese „Gesundheitspolitik" mit seinen Reisen und Reden stärken wollte. Was aber ist das für ein „pastoraler Besuch", womit Johannes Paul II. so gern seine Reisetätigkeit charakterisieren läßt, die als Folgewirkung für unzählige Männer, Frauen und Babys die tödliche Immunschwäche bringt? Erstmals hat sich deshalb in Afrika öffentlicher Widerspruch geregt. „Im Stadion der Hauptstadt Kigali warf Regierungssprecher Christoph Mfizi am Samstag dem Papst und der katholischen Kirche vor, Bastionen weißer Vorherrschaft zu sein und durch den Widerstand gegen Geburtenkontrolle und AIDS-Verhütung gegen die Interessen der Menschen zu verstoßen. Den völlig überrascht wirkenden Papst und die Amtskirche forderte er auf, sich der heutigen Zeit anzupassen. (...) ‚Was soll ich einem völlig verarmten und unwissenden Ehepaar raten, das immer wieder gespenstisch anzuschauende Kinder bekommt, denen der Hungertod sicher ist'; fragte der Regierungssprecher" (Reuter/AFP, zit. nach Südd. Ztg. Nr. 208, S. 7 v. 10. 9. 90). Der Schweizer Dominikaner René Äbischer hatte es sich vorher schon von seinen kirchlichen Vorgesetzten nicht verbieten lassen, das Wort Präservativ zu benutzen sowie für die AIDS-Abwehr durch Kondome und für die anderweitig verantwortliche Verwendung von Verhütungsmitteln einzutreten (Leuthold 1990, 13).

Hat der Papst sich die realen Folgewirkungen seiner Reden wirklich vergegenwärtigt? Wenn das nicht der Fall ist, so muß er – zumal als Oberhaupt einer weltweiten Religionsgemeinschaft – der leichtfertigen Unkenntnis und somit der unverantwortlichen Realitätsfremdheit (die herkömmliche Moral sprach von „ignorantia crassa") bezichtigt werden. Hat er sich diese Folgewirkungen seiner Moraltheorie aber vor Augen gehalten, so muß die Anklage noch härter lauten. Dann spricht er als ein Moralfundamentalist mit menschenverachtender Härte, dem alles am Gesetz liegt, nicht aber an den konkreten Menschen in ihrer Bedrängnis und Not. Dadurch vergeht er sich am höchsten Gebot der Christusbotschaft: an der Liebe Gottes unter den Menschen. Denn er macht sich am Hunger- oder Siechentod von Millionen Menschen, vor allem von Kleinkindern und Müttern, schuldig, und das „im Namen Gottes"

– welchen Gottes eigentlich? – sowie seines angeblichen Moralgesetzes. Es ist hoch an der Zeit, daß in dieser Sache auch einmal katholische Bischöfe, Priester und Theologen die nötige Zivilcourage aufbringen, sich solidarisieren und ein deutliches – auch ein öffentliches – Protestwort an den Papst richten. Andernfalls machen sie sich mitschuldig an den Menschenleben, die durch die Wirkung des päpstlichen Moralfundamentalismus ins Elend gestürzt werden. Gleichzeitig wäre ein derartiges Protestwort endlich aus Solidarität der Bischöfe mit einem Großteil ihrer Gemeindemitglieder fällig, die als mündige Christen mit ihrer eigenen sittlichen Urteilskompetenz sich längst nicht mehr mit der hier kritisierten Papstlehre identifizieren.

6. Leitlinien eines sozialen Ethos zum Bevölkerungswachstum

Wenn die „Bevölkerungsexplosion" nicht einfach ein Natur- oder Schöpfungsgesetz, wenn die „Bevölkerungslawine" ebensowenig eine Naturkatastrophe ist, sondern gesellschaftlich produziert und damit von Menschen gemacht wurde, dann ist es auch in deren Verantwortung gegeben, bedrohende Entwicklungen zu korrigieren und das Wachstum sinnvoll zu steuern.

So einfach oder geradezu trivial diese These klingt, ihre Verwirklichung enthält viel mehr Schwierigkeiten, als es den Anschein hat. „Die Steuerungsschwierigkeiten kommen zuerst und zuoberst aus den Armutsverhältnissen der „Dritten Welt" (s. unten zu These 3). Sodann erwächst die Abwehr gegen Familienplanung aus zählebigen Mustern religiös untermauerter „Zeugungsmoral", die über Jahrtausende hinweg in Familien- oder Sippen- und Stammestraditionen eingegangen sind. Schließlich ist auch die intensive biologische Triebenergie zu beachten, die menschlicher Sexualität besonders in bestimmten Lebensabschnitten innewohnt. Demographische Forschung hat deshalb vielfach feststellen müssen, daß alle planerischen Bemühungen bevölkerungspolitischer Art auf einen breit verankerten Einstellungs- und Verhaltenswiderstand in verschiedensten Bevölkerungsgruppen stoßen. „Ein Glück!" möchte man sagen, wenn man die Geschichte betrachtet. In ihr ist Bevölkerungspolitik immer wieder ein Teil von Macht-, oft näherhin von Militärpolitik gewesen. Auch die Ausdehnungs-absicht von Religionssystemen kann als heimliche Tendenz einiger ihrer Vertreter nicht ausgeschlossen werden, wenn sie Geburten-freudigkeit einfach als Schöpfungsgehorsam proklamieren.

Gleichwohl, der Mißbrauch von Bevölkerungspolitik steht nicht schlechthin gegen deren Einsatz. Jedes Staatswesen sowie die In-stitutionen der Staatengemeinschaft haben heute die Pflicht und damit das Recht zur Steuerung des Bevölkerungswachstums (Win-gen 1975: 11–16). Aber auch in diesem Bereich gibt es keine Rechte und Pflichten, die nicht in Korrelation zu anderen Rechten und Pflichten zu beachten sind. Entsprechendes gilt von allen sittlichen Inhalten, Werten oder Handlungsregeln. Alle Politik und alle po-litische Moral werden pervertiert oder bewegen sich sogar in Rich-tung öffentlichen Terrors, wo dieses Beziehungsgeflecht nicht be-achtet wird.

Auf die gegenwärtigen Probleme des Bevölkerungswachstums oder dessen Begrenzung angewandt heißt das, daß kein Staat und keine Gesellschaft beliebige Methoden zur Beschränkung des Be-völkerungswachstums einsetzen dürfen. In diesem Sinn ist über die staatlich verordnete Sterilisation oder Abtreibung zu urteilen, wie sie vor kurzem noch in indischen Provinzen praktiziert wur-den. Die bevölkerungspolitischen Maßnahmen in China zugun-sten der Geburtenbeschränkung sind bisweilen hochgelobt; sie mögen auch in den überkommenen Sozialkontrollen der dortigen Großfamilien und anderer Kollektive ihre Herkunft haben (Hauser 1983, 86). Auch sie unterwerfen jedoch chinesische Paare vielfach unmenschlichen Pressionen.

Vielleicht mag man gerade im Hinblick auf die rasante Bevölke-rungsentwicklung dieser Völker fragen, wie anders es denn zu machen sei als durch gesellschaftlichen Druck auf die Familien mit ihren spontanen Fruchtbarkeitsneigungen oder ihren kulturell überkommenen Wertschätzungen des Kinderreichtums. Daß es bei derartigen Tendenzen in der Weltbevölkerung nicht bleiben kann, ist undiskutierbar. Dennoch dürfen nicht Methoden der Wachstumsbegrenzung angewandt werden, die die elementaren Menschenrechte verletzen. Bevölkerungspolitik kann und darf nur mit den Elternpaaren, auf der Grundlage ihrer eigenen, freien Selbstbestimmung erfolgen, nicht gegen sie.

Von den bisherigen Erwägungen her lassen sich einige Leitlinien bevölkerungspolitischer Ethik formulieren. Sie mögen sich im konkreten Handlungskonflikt aneinander reiben. Oder sie mögen bisweilen auch als sich ausschließende Gegensatz-Postulate erscheinen. Sie stehen jedoch in einem Komplementaritätsbezug. Sie dürfen daher nur so geltend gemacht werden, daß keines von ihnen ausgeschlossen wird.

1. Um unser Lebenserhaltungssystem nicht zu zerstören und den weltweiten Öko-Kollaps zu vermeiden, muß die Menschheit darauf bedacht sein, neben einer Wirtschaftsweise, die einen fatalen Wachstumszwang unterstellt, auch ihr eigenes Wachstum so schnell wie möglich zu stoppen.
2. Das Recht auf Fortpflanzung ist ein Menschenrecht. ,,Heiratsfähige Männer und Frauen haben ohne Beschränkung durch Rasse, Staatsbürgerschaft oder Religion das Recht, eine Ehe zu schließen und eine Familie zu gründen" (Art. 16.1 der ,,Allgemeinen Erklärung der Menschenrechte von 1948).
3. In weltweiter Solidarität zumal mit den Völkern der ,,Dritten Welt" müssen jene ökonomischen und bildungspolitischen Bedingungen geschaffen werden, die es Paaren ermöglichen, selbst die verantwortbare Größe ihrer Familie und damit der Kinderzahl zu wählen.

Die Begründungen zur These 1 erwachsen aus dem, was vor allem in III./2. und III./3. gesagt wurde. Verwiesen sei lediglich noch auf die große Verantwortung, die den Religionen in diesem Zusammenhang zukommt. In unserem Kulturraum sind dabei besonders die Kirchen anzusprechen. Sie haben aufgrund ihrer vielverzweigten Möglichkeiten, Moralbewußtsein in der Öffentlichkeit zu repräsentieren sowie durch Moralerziehung zu beeinflussen, nach wie vor eine bedeutende Rolle für das Leben der Gesellschaft – so unterschiedlich das näherhin nach Milieu, Land und kulturellem Zusammenhang auch sein mag. Von daher lassen sich die negativen Konsequenzen der katholischen Lehramtspositionen in Sachen Geburtenregelung und Empfängnisverhütung – besonders für bestimmte Länder der ,,Dritten Welt" – erst richtig einschätzen. Sie liegen nicht nur im Bereich des weltweiten Kinderelends, nämlich dort, wo eine verantwortliche und effektive Empfängnisverhütung ungewollte Geburten verhindern könnte. Sie liegen ebenso im Feld der Verantwortung für die sozio-ökologische Zukunft der Erde und damit der ganzen Menschheit.

Es ist geradezu bedrückend, in diesem Zusammenhang die Ideologie-Blindheit von Johannes Paul II. zu sehen. Die Mitverantwortung für das Kinderelend, die er in Staaten unter katholischem Einflußbereich aufgrund seiner Sexualdoktrin trägt, läßt er offenbar gar nicht an sich heran. Sofern er die Bevölkerungsexpansion auf unserem Planeten überhaupt anspricht, spielt er sie gezielt herunter. Sie existiert in der Realität für ihn gar nicht, sondern lediglich in den Köpfen bestimmter Menschen. Denn sie sei lediglich „eine entstellte Auffassung des demographischen Problems" (Johannes Paul II. 1991, Nr. 39). Schließlich kehrt er den Spieß um, indem er den Umstand, daß die Weltöffentlichkeit weitgehend kein Verständnis für seine rigorose Moraltheologie in Sachen Empfängnisverhütung hat, zum Indiz ihrer Unmoral und damit ihrer Gottlosigkeit macht. „Der Geist des Menschen" scheine heute „mehr darauf bedacht zu sein, die Quellen des Lebens zu beschränken, zu unterdrücken und zu vernichten, bis hin zur leider weltweit verbreiteten Abtreibung, als die Möglichkeiten des Lebens selbst zu verteidigen und zu eröffnen" (ebd.). Es ginge nicht nur um eine Verirrung auf einem Einzelgebiet, etwa der Wirtschaft, sondern „das ganze sozio-kulturelle System hat mit der Vernachlässigung der sittlich-religiösen Dimension versagt" (a.a.O.). Alles steigert sich bei ihm dann zu der folgenden Anklage: „Es handelt sich hier um eine Politik, die mit Hilfe neuer Techniken ihren Aktionsradius zu einem „Krieg mit chemischen Waffen" ausweitet, um das Leben von Millionen schutzloser Menschen zu vergiften" (ebd.).

Es ist hier nicht der Ort, eine derartige Sprachführung semantisch genauer zu analysieren und ihre fragwürdigen Verallgemeinerungen anzugehen. Allein, daß Empfängnisverhütung und Abtreibung eng aneinander gereiht werden, verstellt den Sachverhalt und macht die Behauptungen dazu undiskutierbar. Wer sind diejenigen, die die „Politik" der neuen Techniken oder der „chemischen Waffen" betreiben? Werden hier wirklich die Bemühungen der UN um Sexualaufklärung und Verhütung ungewollter Schwangerschaften in einen Topf mit den Maßnahmen geworfen, die in Indien unter Indira Ghandi und ihrem Sohn stattgefunden haben – um die einen mit den anderen zu diskriminieren? Und was soll die Rede von den ,,chemischen Waffen"? Offenbar soll vor allem die ,,Antibaby-Pille" damit gemeint sein. Welche Sprachverwirrung aber wird versucht, wenn hier die Massenvernichtungswaffen aus dem Arsenal eines ABC-Krieges begrifflich mit ,,der Pille" assoziiert werden? Das liegt auf eben der Linie, die Scharfmacher in der öffentlichen Debatte zum § 218 StGB verfolgen, wenn sie Auschwitz – und das, wofür dieses Symbolwort an Morden und Massenvernichtung steht – mit der Tötung werdenden menschlichen Lebens bei Abtreibung gleichsetzen. Wahrhaftig, der Schwangerschaftsabbruch ist eine schwerwiegende, meist konfliktbeladene Maßnahme. Ihre Bagatellisierung abzuwehren ist das eine. Als etwas völlig anderes müssen jedoch jene Tätigkeiten stehen bleiben, durch die nationalsozialistische Aktivisten und Henker millionenfache Mordverbrechen an Juden, Polen und Russen, an Sinti, Kommunisten, Sozialdemokraten und Gewerkschaftern, an Priestern, Kriegsdienstverweigerern oder auch an Homosexuellen begingen. Eine einzige Schilderung von Überlebenden – mir liegt gerade diejenige von Gerda Gottschalk ,,Der letzte Weg" (1991) vor – reicht aus, um die Simplifizierung der Gleichsetzung zu verdeutlichen. Die Hölle des Warschauer oder Rigaer Gettos oder der Konzentrationslager waren und bleiben geschichtlich unvergleichbar (vgl. Rosh und Jäckel 1990). Wer das nicht sieht, dem fehlt jedes Maß in der Realitätseinschätzung und damit auch in der moralischen Werterfassung. Er muß sich kritisch befragen lassen, ob er die Millionen Menschen, die die NS-Diktatur ermorden ließ, nicht ideologisch für seine Abtreibungsposition instrumentalisieren will.

Zur zweiten These: Der zitierte Artikel enthält einschlußweise das, was die ,,Teheraner Proklamation" der internationalen Menschenrechtskonferenz von 1968 ausdrücklich herausstellte. Danach ist das Recht, frei, verantwortlich und informiert über die Zahl der Kinder und den zeitlichen Abstand ihrer Geburten zu entscheiden, als grundlegendes Menschenrecht anzuerkennen (UN 1973, 13). Es braucht hier nicht erneut hervorgehoben zu werden, daß dieses Freiheitsrecht – wie alle anderen – im Beziehungsgefüge von weiteren Rechten und Pflichten des Menschen und der

Gemeinwesen steht, also relational und nicht absolut geltend zu machen ist. Gleichwohl markiert es unmißverständlich eine Grenze, die allen Institutionen in ihren Bevölkerungsstrategien gesetzt ist. Es hängt zu offenkundig mit dem Respekt vor der Würde des Menschen, mit seinem Recht auf Leben und Gesundheit, sowie auf Gewissensfreiheit zusammen, als daß der dadurch betroffene intime Lebens- und Entscheidungsbereich der Partner einer Außeneinmischung durch Zwangsmaßnahmen von Familien, Staaten oder Religionssystemen ausgesetzt werden dürfte. Noch einmal: Die Beschränkung des Bevölkerungswachstums auf der Erde kann nur mit den Elternpaaren, nicht aber gegen sie erfolgen.

Der These über die eigenverantwortliche Zuständigkeit der Ehepaare haben sich fast alle Delegationen auf der Bukarester Weltbevölkerungskonferenz angeschlossen, auf der die ,,Teheraner Proklamation'' für einen Weltbevölkerungsplan zugrunde gelegt wurde. Nur die Vertreter der Volksrepublik China und des Vatikans haben dem Plan ihre Zustimmung verweigert (Böckle 1983, 115). Beide Delegationen hatten offenbar ganz andere Gründe für ihre Ablehnung. Gleichwohl ein kurioses Miteinander zwischen Peking und Rom! Sollte der Vatikan sich bei einer so gearteten Gemeinsamkeit nicht doch dazu aufgerufen fühlen, seine eigenen Denkvoraussetzungen kritisch zu überprüfen? Ansätze zu einer Lehrentwicklung sind in der eigenen Kirche längst vorhanden.

Innerhalb der römisch-katholischen Moraltradition reicht es hier, an den sozial- und personalethischen Grundentwurf des Zweiten Vatikanischen Konzils anzuknüpfen und ihn zum Ethos der Selbstbeschränkung in Sachen Bevölkerungswachstum zu entfalten. Das Konzil hatte im Hinblick auf die Kinderzahl und Geburtenfolge unmißverständlich herausgestellt: ,,Das Urteil darüber müssen die Eheleute letztlich selbst fällen'' (Kirche in der Welt von heute, Nr. 50). Seitdem wird in der katholischen Moraltheologie von ,,verantworteter Elternschaft'' gesprochen und das Recht auf sie proklamiert (Reuss 1967; Häring 1968, 440).

Zur dritten These: Dieses Postulat auszusprechen heißt nicht mehr und nicht weniger als weltweit eine neue Verteilungsgerechtigkeit der Lebensgüter zu fordern zwischen Arm und Reich, zwischen Nord und Süd, oder wie die Begriffe zur Kennzeichnung des Konsum- oder Notgefälles heißen mögen. Die Einschränkung des weltweiten Bevölkerungswachstums läßt sich nicht ohne Verwirklichung einer neuen Verteilungsgerechtigkeit zugunsten der armen oder sogar hungernden Weltbevölkerung erreichen. Auf leichterem Wege ist sie nicht zu haben. Nur wenn die Menschen der „Zwei-Drittel-Welt" an einem lebenswerten Wohlstand mit den entsprechenden Bildungsmöglichkeiten partizipieren, werden sie sich zur „demographischen Transformation" und damit frei zur Senkung der eigenen Kinderzahl entscheiden.

Damit ist jedoch auch ein weiteres deutlich: Die Industrienationen haben keinerlei Recht, die anderen Völker derzeit wegen ihrer hohen Kinderzahl zu denunzieren. Zum Teil fehlen den fruchtbaren Paaren dieser Länder nicht nur hinreichende Informationen sowie die Mittel zur wirksamen Empfängnisverhütung. Ebenso ist kein entsprechendes Krisen- und Verantwortungsbewußtsein entwickelt. Vor allem aber sind die erforderlichen ökonomischen, sozialen und bildungsmäßigen Bedingungen zur freiwilligen Geburtenbeschränkung nicht gegeben. Viele Kinder sind für zahlreiche Elternpaare immer noch die einzigen Stützen ihrer sozialen Absicherung. Hierauf hat die – auch anderweitig beachtenswerte – Studie einer wissenschaftlichen Arbeitsgruppe der Deutschen Bischofskonferenz mit Recht hingewiesen (Böckle u. a., o. J. [1990]).

In unserem eigenen Land ist eine pauschale gesellschaftliche Diskriminierung von kinderreichen Familien ebenfalls unangebracht. Bei uns kann es – auch unter dem Gesichtspunkt sozialer Ethik – durchaus achtenswerte Motive und sittlich verantwortbare Gründe für eine größere Kinderzahl geben –, freilich auch für den Verzicht auf Kinder. Die Vielfalt der Situationen und persönlichen Lebensverhältnisse sind in einer hochkomplexen Gesellschaft wie der unseren zu groß, als daß nur noch das Ein- oder Zwei-Kindsystem als vertretbar anzusetzen ist. Auch nicht im Hinblick auf das Problem der Überbevölkerung! Denn dieses ist, wie hervorgehoben, kein rein quantitatives, sondern zugleich auch ein qualitatives. Hier reicht es, auf die Rentensicherung hinzuweisen. Nur wenn unser Gemeinwesen in seinen hohen Ansprüchen in Wirtschaft, Wissenschaft, Bildung und Kultur, in Technik, Politik und Medizin – zum Beispiel – durch hinreichend qualifizierte Nachwuchskräfte fortgeführt wird, kann der Generationenvertrag der Rentensicherung eingelöst werden. Desgleichen können nur unter diesen Voraussetzungen Kräfte und Leistungen für diejenigen Länder der Erde frei gemacht werden, die noch auf die Hilfe – auch auf die personelle Hilfe – der Industrieländer mit ihrem Wirtschafts- und Technologievorsprung angewiesen sind.

Die komplexe Berücksichtigung der drei Leitlinien darf nicht verdecken, daß der ersten von ihnen für die Zukunft der Menschheit eine übergreifende Notwendigkeit und damit eine Bedeutungspriorität zukommt: Der Weltbevölkerung ist es vordringlich aufgegeben, ihr eigenes Wachstum zu begrenzen. Die Ökosysteme der Erde verlangen unerbittlich diese Beschränkung.

IV. Theologische Ethik als ganze auf dem Prüfstand

Die voranstehenden Erwägungen mit ihren Folgerungen stellen keineswegs nur für die katholische Christenheit eine Herausforderung dar, sich in grundlegenden Belangen der Sexualethik neu zu orientieren. Demgemäß sind nicht nur im Katholizismus Spannungen, Konflikte und Differenzen bis hin zu Spaltungen entstanden. Auch protestantische Kirchen und Gemeinden sind davon betroffen. Man braucht nur an die Standortbestimmung evangelikaler Gruppen zu denken. Die neue ,,Konfession'' in Sachen Ehe-, Familien- und Sexualmoral bis hin zu Fragen des Schwangerschaftsabbruches läuft längst nicht mehr an den alten Konfessionsgrenzen entlang, sondern geht mitten zwischen ihnen hindurch. Eine umfassende Diskussion des Konfliktzusammenhanges müßte sich also auch der innerprotestantischen oder der orthodoxen Spannungsverhältnisse annehmen, sowohl was die Einstellungen als auch die Verhalten und schließlich die Praxistheorien angeht. Entsprechendes gilt – wenn auch unter veränderten Bedingungen – sogar für die säkulare oder ,,bürgerliche'' Gesellschaft. Das kann an dieser Stelle nicht geleistet werden. Der hier anvisierte Kontext galt bisher besonders der römisch-katholischen Tradition in Theorie und Praxis. Deshalb soll die Auseinandersetzung vornehmlich auch mit ihr weitergeführt werden.

1. Absage an moraltheoretische Regression

Die nähere Prüfung der Äußerungen von Johannes Paul II. gibt zu erkennen, daß er in diesem Zusammenhang jene fundamentalistische Denk- und Argumentationssystematik walten läßt, die man zum Beispiel im islamischen Fundamentalismus feststellen kann (Werbick 1991, 25). Die Mullahs versuchen für ihre Praxisnormierungen möglichst überall unmittelbar göttliche Autorität geltend zu machen. Alle Ordnungen der Scharia werden von ihnen als Gottes Rechtssatzungen ausgegeben. Der Papst bringt das gleiche

Muster für die kirchliche Morallehre ein. Für ihn ist „die Gesamtheit der Wahrheiten ... ein einziges Ganzes" und steht die „Heiligkeit Gottes selbst" mit der kirchenamtlichen Lehre zur Empfängnisverhütung auf dem Spiel (s. oben I.1). Zwar wird kein Theologe in Frage stellen, daß christliche Lebensorientierung in Gottes Wort und Wille zu gründen ist und dort seine letzte Legitimation zu suchen hat. Aber es geht um das „Wie" dieser Begründung, näherhin um den Mangel an Unterscheidung zwischen menschlichem und göttlichem Anteil in einer Moraltheorie oder -ordnung. Das theologisch Unverantwortliche liegt im „Kurzschluß", mit dem kirchliche Tradition und Lehre in den Rang eines Gottesgesetzes gehoben - oder um mit Dietrich Bonhoeffer zu sprechen – Vorletztes zum Letzten gemacht wird. Dadurch mündet Johannes Paul II. in eine fundamentalistische Moral (Pfürtner 1991, 194ff).

Bei einer so gearteten ethischen Erkenntnistheorie kommt der geschichtlichen Begründung von Morallehre und -ordnung kein Platz zu. Das Sittlich-Geschuldete darf nach diesem Modell nicht von eigenen oder anderen lebensgeschichtlichen Verhältnissen abhängig gemacht werden. Für die theologische Ethik muß es danach ganz überflüssig sein, das zu tun, was Johannes XXIII. gefordert hatte: Auf „die Zeichen der Zeit" in unserer Epoche zu achten, um daraus neu zu erkennen, was der Wille Gottes hier und jetzt vom Einzelnen, von der Kirche und der Gesellschaft verlange. Man muß vielmehr die ewig gültigen Sittengesetze anwenden. Aus Furcht, moralische Urteilsbildung exklusiv an Situationsbedingungen auszuliefern und einer einseitigen Situationsethik das Wort zu reden, werden ethische Ordnungen in ihren einzelnen inhaltlichen Ausformungen zum Ausdruck des ewigen Sittengesetzes erklärt. Damit erhalten sie einen metaphysischen oder transzendentalpragmatischen Charakter und mit ihm einen absoluten Geltungsanspruch.

Johannes Paul II. erläutert diese Moralhermeneutik am Beispiel der kirchenamtlichen Lehre zur Empfängnisregelung. Mit Paul VI. geht er davon aus, daß es ein unveränderliches „Wesen" des Menschen und seiner Sexualität, ja, des Sexualaktes gäbe, auf Fortpflanzung ausgerichtet zu sein. „Wenn Paul VI. den empfängnisverhütenden Akt als von seinem Wesen her unerlaubt bezeichnet hat, wollte er lehren, daß die sittliche Norm hier keine Ausnahme kennt; kein persönlicher oder sozialer Umstand hat je vermocht und wird auch nie vermögen, einen solchen Akt zu einem in sich selbst geordneten zu machen". Die Kraft der sittlichen Normen sei so, „daß sie immer und überall die Möglichkeit von Ausnahmen ausschließt" (Johannes Paul II. 1988 Nr. 5).

Diese auf die Neuscholastik zurückgehende Art von Wesens- und Naturrechtslehre ist inzwischen auch in der katholischen Fachforschung als höchst fragwürdig erkannt. Denn einmal wird hier eine bestimmte rationale Analyse menschlichen Seins dazu verwandt, über Gott und seinen Schöpferwillen zu befinden; es wird also eine bestimmte Philosophie heimlich zu einer Art Glaubenslehre gemacht. Zum anderen greift man dabei auf eine unhaltbare Methode der praktischen Philosophie zurück, nämlich auf diejenige, die menschliches Sollen unmittelbar vom menschlichen Sein abzuleiten versucht.

Mit seinem Moralverständnis wiederholt der jetzige Papst – fast wörtlich – den vorkonziliaren Pius XII. zur Sache (Pius XII. 1952, zit. n. Utz-Groner 1954, Nr. 155f). Er läßt dadurch einmal mehr seine reaktionär-konservative Mentalität erkennen. Der konziliare Impuls von Johannes XXIII., dem er als junger Bischof doch wohl bei dessen Eröffnungsansprache zum II. Vatikanum am 11. Oktober 1962 lauschte, ging dahin, auf die Wiederholung längst bekannter theologischer Theorien zu verzichten – „dafür braucht es kein Konzil" (Johannes XXIII. 1962, Nr. 15; zit. n. Kaufmann/Klein 1990, 135). Der Konzilspapst regte vielmehr – wie bereits hervorgehoben – an, neue Wege eines vertieften Glaubensverständnisses zu suchen und dabei „den Sprung nach vorwärts" zu wagen (Kaufmann/Klein, ebd. S. 136). Johannes Paul II. hat sich dieser Wegweisung seines Vorgängers an die Kirche in die moderne Gesellschaft hinein mit zähem inneren Widerstand entgegengestellt.

Von nahem besehen ist er nicht nur einem heimlichen Rationalismus, sondern auch einem fragwürdigen Biologismus verfallen. Die Biologie menschlicher Sexualität gibt den Ton an. Ebenso wird inzwischen die Embryologie mit ihren Daten bei bestimmten kirchlichen und nichtkirchlichen Stellungnahmen zum „Beginn menschlichen Lebens" als „wissenschaftlicher Beweis" für die theologische oder sittliche Würdigung des Zygoten herangezogen

(Das Leben des ungeborenen Kindes, o. J., 5). Die biologische Natur des Menschen erteilt jedoch als solche keineswegs exakte Auskunft darüber, wie mit ihr verantwortlich umzugehen ist. Das zu beurteilen, ist der wertenden Vernunft des Menschen übertragen, die für den Christen in Glauben gegründet und durch Liebe inspiriert sein will. Übrigens läßt sich gerade auch der biologischen Natur menschlicher Sexualität nicht beweiskräftig entnehmen, daß sie immer und in jedem ihrer Vollzüge auf Fortpflanzung angelegt sei: Dem widersprechen zu viele kulturanthropologische und sexualmedizinische Erkenntnisse. Schließlich ist zu sagen: Mit der Art der naturrechtlichen Beweisführung können die genannten päpstlichen Theoretiker sich wahrhaftig nicht auf Aristoteles oder Thomas von Aquin berufen, die in der katholischen Tradition so gern als Klassiker des Naturrechts herangezogen werden (Pfürter 1988, Bd. I,74–77; a.a.O. 151; ders., 1972c, 286ff).

Vollends wird die hier kritisierte Moraltheorie in ihrem pseudotheologischen Charakter offenkundig, wenn man sie im Licht des biblischen Gottesverständnisses überprüft. Wer wollte sich anheischig machen, den Willen des in unserer Geschichte verborgenen Gottes, den die Bibel verkündet, darauf festzulegen, was er mit dem Menschen und seiner Geschlechtlichkeit für alle Zeiten und in jedem Einzelleben vorhat? Wer meint, das tun zu können – mit welcher Wesensphilosophie auch immer –, macht sich eines theologisch nicht verantwortbaren Rationalismus schuldig. Gleichzeitig verfehlt er eine aus Glauben eröffnete Rationalität der Lebensgestaltung, für sich selbst, für die Kirche und für die Gesellschaft.

2. Dem Wohl aller Menschen verpflichtet
Das Vermächtnis von Johannes XXIII.

Eine so geöffnete Rationalität verlangt, nicht nur persönliche, sondern auch gesellschaftlich gewachsene Erfahrung zur Legitimation sittlicher Urteilsbildung heranzuziehen. Gesellschaftsgeschichtliche Erfahrungen unserer Epoche fordern z. B., daß das Ethos der Menschenrechte von der Weltgesellschaft mit unmißverständlicher Deutlichkeit vertreten wird und auch in Zukunft nicht mehr preisgegeben werden darf. Die Anerkennung von Erfahrung als

Erkenntnisquelle für sittliche Urteilsbildung schließt aber auch ein, die Erkenntnisse der einschlägigen Erfahrungswissenschaften in der moralischen Entscheidung zur Geltung zu bringen. Wer etwa die Einsichten der Tiefen- und Entwicklungspsychologie über die Bedeutung von Sexualität im Ganzen der individuellen und sozialen Identitätsausbildung vernachlässigt, macht sich mit einem totalen Versagungsgebot an unverheirateten Jugendlichen oder Behinderten ebenso schuldig wie an Homosexuellen und allein Lebenden. Schließlich ist es für eine christliche Ethik unerläßlich, daß auch in der Moraltheorie endlich eine bibel- und geschichtstheologische Hermeneutik aller Reflexion zugrunde gelegt wird.

Was die päpstliche Lehrgeschichte der letzten hundert Jahre angeht, hat Johannes XXIII. als erster einen entscheidenden Vorstoß in einer entsprechenden Richtung vorgenommen. Dieser Papst wird in seiner theologischen Bedeutung meist unterschätzt. Seine Sprache war einfach, dem allgemeinen Verständnis der Menschen zugewandt, nicht so sehr aus einer systematischen Logik einer bestimmten Theologie geprägt. Dennoch hat er in die Sprache päpstlicher Äußerungen die geschichtliche Dimension göttlicher Offenbarung wie keiner seiner Vorgänger eingebracht. Er hat geschichtliches Geschehen zum ,,Topos'' theologischer Verstehenslehre machen wollen. Wenn er immer wieder verlangte, Theologie und Kirche sollten ,,die Zeichen der Zeit'' beachten, stellte er keineswegs auf eine rein soziologische Analyse gegenwärtiger Gesellschaftsentwicklungen ab. Das haben ihm einige seiner konservativistischen Kritiker unterstellt. Vielmehr ging es ihm darum, im Sinne der biblisch-prophetischen Tradition danach zu fragen, was der verborgene Herr der Geschichte denn durch die epochalen Sozial-, Politik- und Kulturprozesse zur Beseitigung von Unterdrückung sowie zugunsten einer größeren Freiheit der Menschen und Völker als Handlungsorientierung für Kirche und Gesellschaft offenbar machen wolle.

Deshalb rief er zur wachen Erforschung dieser ,,Zeichen der Zeit'' auf, deshalb zum ,,Aggiornamento'' von Kirche und Gesellschaft. Offenbarung und Geschichte gehörten für ihn untrennbar zusammen, seine eigene Lebensgeschichte ebenso wie die der Völker und der Menschheit, in der Vergangenheit ebenso wie in der Gegenwart. Er hielt aus seinem christlichen Glauben mit der Tradition daran fest, daß der verborgene Lenker der Geschichte sich in Jesus Christus offenbar gemacht hat und in seinem Evangelium ein für alle Mal die Botschaft seines Heils ergangen ist. Aber er bekannte zugleich, daß wir – für unser eigenes Leben wie für das der Völker und der Kirche – immer neu danach suchen müßten, welches denn der Wille dieses Gottes und damit das rechte Verständnis des Evangeliums für unsere Zeit, unsere Situation und Zukunft sei. Damit war nicht zuletzt jeder Moraltheorie eine Absage erteilt, die vorgibt, immer schon – aufgrund von „Wesenserkenntnis" oder anderweitiger „Philosophien" – vorweg zu wissen, was uns „Hier und Heute" zu tun aufgegeben ist und wie die konkrete Sittenordnung für unsere Epoche auszusehen hat.

Auf dem Hintergrund dieser grundlegenden Verstehensperspektiven dürfte es angebracht sein, jene Worte des Konzilspapstes genau zu beachten, die man getrost als sein Lebensvermächtnis ansehen kann – der Text wurde erst vor kurzem ausfindig gemacht: „In Gegenwart meiner Mitarbeiter kommt es mir spontan in den Sinn, den Akt des Glaubens zu erneuern", begann er in einem kleinen Kreis enger Mitarbeiter kurz vor seinem Tod. Dann fuhr er fort: „So ziemt es sich für uns Priester, denn zum Wohl der ganzen Welt haben wir es mit den höchsten Dingen zu tun, und deshalb müssen wir uns vom Willen Gottes leiten lassen. Mehr denn je, bestimmt mehr als in den letzten Jahrhunderten, sind wir heute darauf ausgerichtet, dem Menschen als solchem zu dienen, nicht bloß den Katholiken, darauf, in erster Linie und überall die Rechte der menschlichen Person und nicht nur diejenigen der katholischen Kirche zu verteidigen. Die heutige Situation, die Herausforderung der letzten 50 Jahre und ein tieferes Glaubensverständnis haben uns mit neuen Realitäten konfrontiert, wie ich es in meiner Rede zur Konzilseröffnung sagte. Nicht das Evangelium ist es, das sich verändert; nein, wir sind es, die gerade anfangen, es besser zu verstehen. Wer ein recht langes Leben gehabt hat, wer sich am Anfang dieses Jahrhunderts den neuen Aufgaben einer sozialen Tätigkeit gegenübersah, die den ganzen Menschen beansprucht, wer wie ich zwanzig Jahre im Orient und acht in Frankreich verbracht hat und auf diese Weise verschiedene Kulturen miteinander vergleichen konnte, der weiß, daß der Augenblick gekommen ist, die Zeichen der Zeit zu erkennen, die von ihnen

gebotenen Möglichkeiten zu ergreifen und in die Zukunft zu blik-
ken" (Kaufmann/Klein 1990, 24).

3. Christliches Ethos: Die Menschen und die Schöpfung lieben

Eine genauere Textanalyse ist angezeigt, um die Elemente dieser
Abschiedsworte in ihrer Bedeutung genauer zu erfassen.

a) Vor allem stand für diesen Papst fest, daß es um „das Wohl
der ganzen Welt" gehe. Christliches Ethos – und mit ihm die theologisch bestimmte sittliche Urteilsfindung – werden also nicht zuerst und eigentlich davon bestimmt, das Christentum auszubrei-
ten, die Orthodoxie der christlichen Lehre zu verteidigen, an der
Tradition festzuhalten oder Moralgesetze zu verkünden beziehungsweise durchzusetzen. Christliches Ethos hat vielmehr zuerst
und zuoberst das Wohl von Mensch und Schöpfung zu suchen
und ihm zu dienen.

Wird das Wohl der anderen bestimmend, ist die Art der Vermittlung zu ihnen hin für Kirchen und Christen maßgeblich davon
geprägt. Jede Form von Herrschaft und Unterdrückung oder eigener Übervorteilung verbietet sich. Freie Zuwendung zum anderen,
freies Angebot an den anderen und Bereitschaft zu dienen bestim-
men das Gesinnungs- und Verhaltensmodell. Das Wohl des Anderen vermag nur lautere Gesinnung, lautere Liebe wahrzunehmen.
Die neutestamentlichen Schriften verwenden dafür den Begriff der
„Agape", der wohlwollenden Liebe. Auf das Wohl der anderen
bedacht sein und aus Liebe leben, gehören zueinander. Sie erwek-
ken, erklären und ermöglichen sich gegenseitig. Daß ein derartiges Leben aus Liebe nicht auf „Gesinnungsethik" reduziert werden kann, sondern „Verantwortungsethik" immer einschließt, sei
zur Abwehr von Mißverständnissen hinzugefügt.

Das „Prinzip Liebe" ist auch und gerade im Bereich der Ge-
schlechtsbeziehungen von grundlegender Bedeutung. Es ist unmißverständlich jenes kritische Prinzip, das alle sexuelle Ausbeutung und Instrumentalisierung des anderen als sittlich unvertretbar ausschließt, das aber ebenso alles, was das Wohl des anderen
erfordert und ihm dient, bejaht und rechtfertigt.

Es kann kein Zweifel daran bestehen, daß hiermit das zentrale

Thema der Jesusbotschaft für Lebenspraxis und Weltauftrag von Christen und Kirche benannt ist. In der Geschichte wurde immer wieder versucht, sie zum Klingen und zum Verstehen zu bringen. Dadurch entsteht allzu leicht der Eindruck, ihre Sprache habe nichts Neues zu vermitteln. In Wirklichkeit gibt es nichts Überraschenderes in der Geschichte der Völker und Menschen. Daß Wohlwollen unter den Menschen konsequent und wahrhaftig zum bestimmenden Lebens- und Verhaltensprinzip wird, kann aufgrund der geschichtlichen Tatsachen, der sozial- und individualpsychologischen Bedingungen und der gesellschaftlichen Realität doch wohl schlechthin nicht erwartet werden. Liebendes Wohlwollen unter Menschen zum letztlich entscheidenden Sozialprinzip zu machen, heißt, diese Realität vom Grunde her auf den Kopf zu stellen. Die Rede des Papstes, es ginge ,,um die höchsten Dinge" auf Erden, war alles andere als eine rhetorische Leerformel. Das lautere Wohlwollen im Miteinander der Menschen ist ,,das höchste Ding auf Erden".

Eben diese Vision eines ,,neuen Himmels und einer neuen Erde" ist durch die biblische Botschaft ein für alle Mal ins Bewußtsein der Kulturmenschheit gebracht. (Religionswissenschaftler versuchen, ähnliche Sprache in anderen Weltreligionen aufzudecken). Es muß hier reichen, auf die johanneischen Texte mit ihrem ,,So sehr hat Gott die Welt geliebt . . ." (Joh 3,15–18) oder auf das Lied der Liebe hinzuweisen, das Paulus den Korinthern vortrug (1 Kor 13), einer Liebe, die nicht ohne ,,die Gesinnung, die in Christus war", begriffen werden kann – jenes herrschaftslosen, ,,unmessianischen Messias", der sich aus seiner Entschiedenheit für den Menschen bis zum Äußersten begeben, dem Äußersten der Erniedrigung (Phil 2,5–8). Variiert wurde das Thema bei Augustin mit seinem ,,Ama et fac, quod vis" – ,,Liebe, und tue, was du willst" (In Joh. epist. tr. 7,8. Ed. Morin Rom 1930, 214). Christliche Ethik sei nichts anderes als ein ,,Ordo amoris" – ,,eine Ordnung der Liebe" (De civitate Dei XV,22.7; vgl. Perler 1952, 48–60). Thomas von Aquin brachte es in seinem Sprach- und Deutungskontext zum Ausdruck: Die Liebe sei der eigentliche Quell- und Lebensgrund aller Sittlichkeit – die ,,Forma omnium virtutum" (Summa theologiae II–II 23,8). Martin Luther legte die neutestamentliche Botschaft des Liebesgebotes nicht weniger radikal und universal zugreifend aus – in viel größerer Nähe zur theologischen Verstehensgeschichte eines Augustin und Thomas als es die Kontroverspolemik jahrhundertelang vorgab. Denn er bestimmt „die Freiheit eines Christenmenschen" als Befreiung zur Liebe durch den Glauben; und er erklärt eben diese Liebe zur Mitte christlicher Ethik, einer Liebe, die gemäß Phil 2,8 die volle Entschiedenheit für die anderen ist: „Siehe, so fließt aus dem Glauben die Liebe und Lust zu Gott und aus der Liebe ein freies, williges, fröhliches Leben, dem Nächsten umsonst zu dienen" (Von der Freiheit eines Christenmenschen 1520, WA 7,36). Und im gleichen Kontext heißt es noch einmal zur Verdeutlichung des „Umsonst zu dienen": „Ei, so will ich ... gegen meinen Nächsten auch ein Christ werden, wie Christus es mir geworden ist, und nichts mehr tun, als was ich nur sehe, daß es ihm not, nützlich und selig sei, dieweil ich doch durch meinen Glauben alle Dinge in Christus genug habe" (ebd.).

Auf ihre Weise nimmt die gegenwärtige säkularisierte Sprache das Ethos der Liebe im Ethos der Verantwortung auf und bringt es in eine neue Ausprägung (Pfürtner 1988a, 174–179). Die ursprünglichste Form von Verantwortung im zwischenmenschlichen Bereich etwa der Familie oder der Lebenspartnerschaft macht das deutlich. Verantwortung füreinander übernehmen heißt, vom anderen in seinem eigenen Leben betroffen sein und dafür einstehen, heißt Antwort geben mit der eigenen Existenz auf den anderen als Anruf, ganz und ungeteilt. Wer aus Verantwortung handeln will, kann sich nie damit begnügen, sich auf ein abstraktes Ordnungssystem zu berufen und es anzuwenden. Hier sind nicht Gesetzeslogik das vorrangig Maßgebliche, auch nicht die Berufung auf bestehende Gesetze von Herrschenden, sondern die anderen in ihrem Wohl, das wache Herz für sie, um eben das wahrzunehmen, was ihnen „not, nützlich und selig sei". Von hier her wird deutlich, warum Dietrich Bonhoeffer, einer der herausragenden theologischen Interpreten des Verantwortungsethos (Huber 1983, 62 ff.), dessen eigentliche Dimension erst im Christusglauben findet. Christus war für ihn ganz „der Mensch für die anderen". In diesem Glauben wird „Christus im anderen gegenwärtig" (Mt 25), wird der andere zum Anruf des in ihm verborgen gegenwärtigen Christus und das eigene Leben zur Antwort auf Gottes Anruf: Zum verantworteten Leben (Bonhoeffer 1992, 256–299). Dieses

Ethos der Verantwortung ist dabei nicht auf den interpersonalen Bereich oder gar auf die individuelle Lebensführung beschränkt, sondern dehnt sich auf alle Lebensbezüge aus. „Zum Wohl der ganzen Welt" hatte Johannes XXIII. gesagt.

b) Der hermeneutischen Grundorientierung christlicher Ethik folgt im Lebensvermächtnis von Johannes XXIII.: „Dem Menschen als solchem dienen, nicht bloß den Katholiken" – „in erster Linie und überall die Rechte der menschlichen Person und nicht nur diejenigen der katholischen Kirche verteidigen". Mit diesen Worten sprach der Konzilspapst ein zweites grundlegendes Element des christlichen Ethos – und zugleich seines eigenen Amtsverständnisses aus. Was stand für ihn dabei im Hintergrund? Hier klingt kaum etwas davon an. Eine Abgrenzung aber ist deutlich. Der Kirche darf es nicht darum gehen, sich nur so lange und so weit um Menschen zu kümmern, als sie ihrer Systemtendenz entsprechen. Eine derartige Orientierung mag allen sonstigen Tendenzgemeinschaften zueigen sein. Gesellschaftswissenschaftliche Systemtheoretiker geben darüber hinreichend Auskunft. Die Kirche Jesu Christi darf dabei jedoch nicht stehen bleiben.

Der Papst wollte mit seinem Bekenntnis zum Wohl des Menschen als Menschen und zu seinen Rechten als Person das Ende einer Kirche fordern, der die eigene Systemstabilisierung oberstes Gebot ist. Einschlußweise ist damit ebenso die konfessionalistische Engführung des Katholizismus wie jede Vorherrschaft eines römischen oder eurozentrierten Christentums abgelehnt. Die Vision einer global verbundenen Gesellschaft stand Johannes XXIII. bereits damals vor Augen. Er setzte auf eine Kultur der eigenen Kirche in ihrem theologischen und sozialen Ethos, deren leitende Idee nicht die Abgrenzung des eigenen Kirchensystems zwecks eigener Vorteilsgewinnung, sondern die offene Zuwendung zu allen um ihrer selbst willen ist. Wie gründlich quer er damit zu einer breiten Theorie- und Praxistradition der römisch-katholischen Kirche stand, kann hier nur angedeutet werden. Ihr war das Wohl der eigenen Kirche, ihrer Ausbreitung, ihres Ansehens und ihres Wahrheitsanspruches bei allen verbalen Gegenbeteuerungen nur allzu oft oberstes Gebot. Der Klerus des 19. und beginnenden 20. Jahrhunderts war durch ein Systemdenken der Neuscholastik geprägt, in dem sich die Kirche als „geschlossene Gesellschaft" verstand, als eine „Societas perfecta" (Leo XIII.). Die Mentalität, die daraus erwuchs, zeigte sich in ihrer extremen Ausprägung an der Konzilsminorität. Aber integralistische Einstellungen waren und sich mit fließenden Übergängen viel weiter präsent und wirksam (Pfürtner 1984a). Ein Exempel dafür gibt der ebenso intelligente wie bizarre Kirchenrechtler Hans Barion in seinem geistig-kirchlichen Profil. Für ihn war das „Aggiornamento" des Konzilspapstes nichts als ein „humanistisches Appeasement der Kirche" (Barion 1984, 605; Grote 1991, 105ff) und war das Ökumenismusdekret des II. Vatikanums von einem „amphybologischen Eros geprägt" (Barion a.a.O., 533). Derartiges Kirchendenken feiert in bestimmten katholischen Kirchenkreisen offenkundig zur Zeit wieder fröhliche Urständ. Die Betreffenden können und wollen sich nicht zu dem Achtungserweis bekennen, den das Konzil mit dem theologischen Bekenntnis zu anderen christlichen Traditionen als Kirchen oder kirchliche Gemeinschaften vollzog.

c) Seiner universalen Öffnung des christlichen Ethos fügt Johannes XXIII. die ungeteilte Zuwendung zum konkreten Menschen, zur individuellen Person und ihren Rechten hinzu. An ihr hat sich alle sittliche Urteilsbildung zu erproben und zu bewähren. Danach gilt es, im Individuellen das Allgemeine zu achten, im Menschen hier und jetzt die Menschheit. Man hat – in christlich-theologischer Sicht gemäß Mt 25 – im Unrecht am Einzelnen die Verachtung des verborgen gegenwärtigen Christus zu erkennen und ihr zu widerstehen. Wo das Gemeinwohl betont, nicht aber das Wohl der konkreten Personen und der Schutz ihrer Rechte im Gemeinwesen mitgemeint wird, droht immer wieder, daß Menschen „im Namen des Volkes", „im Dienst am Sozialismus", „zum Wohl der Kirche", der „nationalen Interessen" geopfert werden, – wie immer die angeblichen Legitimationen der Herrschaftssysteme lauten. Moralische Normierungen werden dann zu Instrumenten der Repression. Allgemeine Moralgesetze, die für die konkreten Menschen Unterdrückung oder Mißachtung ihrer fundamentalen Lebensrechte bedeuten, sind stets eines falschen Universal- und Herrschaftsanspruches verdächtig. Das gilt nicht zuletzt im Bereich der Sexualmoral.

d) In der eigenen Lebenserfahrung, in der geschichtlichen Situation mit ihren neuen Realitäten, in den Zeichen der Zeit und in der so wahrgenommenen Geschichte suchte Johannes XXIII. „den Willen Gottes" für uns und unsere Zukunft zu erkennen. Mit dieser dritten Perspektive seines Vermächtnisses nimmt er die hermeneutische Inspiration für die katholische Soziallehre, ja für die theologische Ethik überhaupt auf – das wurde bereits hervorgehoben. Geschichte und geschichtliche Erfahrung werden von ihm als eine Quelle der Erkenntnis bejaht, aus dem der Einzelne ebenso wie Kirche und Gesellschaft das zu suchen haben, was für sie „Gottes Wille" ist. Dabei ist unter geschichtlicher Erfahrung keineswegs nur rückwärts gewandte Orientierung gemeint, sondern vor allem und zuerst das Geschehen der Gegenwart in seiner Bedeutung für die Zukunft, beurteilt in kritischer Distanz in liebender Zuwendung.

In dieser geschichtstheologischen Orientierung liegt der wichtigste methodische Impuls, den der Konzilspapst der katholischen (Sozial-) Ethik vermittelt hat. Aus seinem christlichen Glauben heraus verstand er Geschichte letztlich als Heilsgeschichte, d. h. als jenen menschlichen Lebensprozeß, in dem Gott verborgen das Heil der Menschen heraufziehen läßt und auf endzeitliche Gerechtigkeit und Frieden hinführt. In dem Rundschreiben „Pacem in terris" (Johannes XXIII. 1963) hatte er bereits von verschiedenen herausragenden „Zeichen der Zeit" gesprochen, unter anderem von den Arbeiter- und den Frauenbewegungen sowie den Bewegungen in der Dritten Welt gegen den Kolonialismus (Nr. 39–44). Sie würden deutlich machen, was Gott mit uns in unserer Situation vorhat, nämlich in all diesen Bereichen Unterdrückung und Unrecht zu bekämpfen, sowie anzuerkennen, „daß alle Menschen in der Würde ihrer Natur gleich sind" (a.a.O. Nr. 44). Es ist nicht zufällig, daß er sich auch dem historischen Prozeß des Bevölkerungswachstums stellen wollte. In diesem Kontext sollte das Problem der Empfängnisverhütung unter Hinzuziehung verschiedener, nicht zuletzt demographischer Wissenschaftler durch eine Kommission geprüft werden. Derartige Bemühungen können verdeutlichen, was er in seinem „Lebensvermächtnis" meinte, wenn er davon sprach, wie wichtig es ist, „die heutige Situation", die „uns mit neuen Realitäten konfrontiert", zu beachten und in ihnen „die Zeichen der Zeit" wahrzunehmen.

4. „Mit dem Herzen erkennen"
Systemfunktionalität allein reicht nicht aus

Das hier angesprochene Ethos ist weder in seinen konkreten Ansprüchen zu erkennen noch praktisch hinreichend wahrzunehmen, ohne daß das Herz des Handelnden oder der Christen bei den bedrängten Menschen ist. „Herz" meint symbolisch den „Ort" der Liebe oder – in säkularer Gegenwartssprache der Verantwortung. Eine derartige Moralerkenntnis läßt sich somit nicht rein intellektuell wahrnehmen, nicht rein logisch oder nur sachlich-funktional, das heißt nicht ausschließlich auf kognitiver Ebene. Vielmehr gehört die emotionale Beteiligung des urteilenden und handelnden Subjektes dazu in Form seiner Solidarisierung mit dem, für den oder für die es einzutreten gilt. Demgemäß ist das, was Ethik meint, auch nicht allein durch Zweckrationalität der Systemtheoretiker zu erfassen. Diese zielt von ihrer Bemessung, die maßgeblich von der Systemfunktionalität her genommen wird, an dem vorbei, was im Ethos ansteht: Die Existenz des Einzelnen und der Gemeinwesen in ihrem konkreten Wohl und Wehe, in ihrem konkreten Lebensrecht und in dem, was Recht oder Unrecht für sie ist.

Niklas Luhmann hat das entsprechende Defizit seiner Systemtheorie unumwunden benannt. Bei einem Symposion zur Wirtschaftsethik am 15. November 1991 in Münster leitete er seinen Beitrag „Wirtschaftsethik – als Ethik?" nach kurzer Bekundung seines Unwissens in der Sache mit den Worten ein: „Eines weiß ich sicher: daß ich nicht weiß, worüber ich hier eigentlich reden soll" (eigene Mitschrift). Ich stimme mit Luhmann voll darin überein, daß es gut ist, dort mit sokratischer Skepsis vorzugehen, wo ethische Ansprüche allzu schnell mit moralischem Pathos oder dogmatischer Begründungsgewißheit vorgetragen werden. Diese Mentalität oder Methode habe ich selbst in meiner Fundamentalismuskritik in Frage gestellt (Pfürtner 1991, 184f). Etwas anderes aber ist es, das, worauf ethisches Erkennen und ethische Sprache zielen, als nicht erkennbar und damit schließlich als nicht vorhanden zu erklären, nur weil es sich nicht mit der Methode der systemorientierten Zweckrationalität erfassen läßt. Nicht ethische Sprache, Erkenntnis- und Handlungsbemühung sind damit hinfällig geworden, sondern der systemtheoretische Zugriff zur gesellschaftlichen Wirklichkeit, wird er exklusiv eingebracht, erweist sich als unzureichend.

Gesellschaftliche Wirklichkeit ist immer auch, und zwar nicht zuletzt, das Miteinander von Menschen in ihrer konkreten Existenz. Sie ohne Solidarität mit ihnen – ohne partnerschaftliche Zuwendung – ohne Verantwortung – ohne „Herz" wirklichkeitsgerecht wahrzunehmen, ist nicht möglich. Und das deshalb nicht, weil die Menschen, um die es geht, letztlich nicht als Mittel zum Zweck – für die Erhaltung und Förderung eines Gesellschaftssystems zum Beispiel – zu verrechnen sind, sondern ihren Zweck in sich selbst haben, um an der Sprache Immanuel Kants anzuknüpfen. Von daher leitet sich die Rede her, die Würde des Menschen sei unantastbar (Grundgesetz Art. 1). Das Bewußtsein von der Würde eines jeden Menschen – als Menschen – wurde zum Antriebsquell, universal die Menschenrechte geltend zu machen und sie allem Staats-, Völker- und Kirchenrecht zugrundezulegen, d. h. ihnen vorzuordnen (Neumann 1975, 16ff; Gottes Recht und Menschenrechte 1976; Lienemann 1988, 153ff; Huber 1990a, 853ff).

5. Das Ethos der Bibel

Das historische Verhältnis zwischen Menschenrechtsentwicklung in der gesellschaftlichen Wirklichkeit und Christentums- oder Kirchengeschichte ist zu verflochten, als daß es hier hinreichend angegangen werden kann. Unbezweifelbar ist jedoch, daß das Bekenntnis zum konkreten Menschen, also zu jedem Einzelnen in seiner Würde und seinen grundlegenden Lebensrechten zur biblischen Botschaft gehört. Gottes Verheißung für Leben und Heil ergeht schon bei den alttestamentlichen Propheten an alle Menschen und Völker, ist also von universaler Offenheit und schließt die egalitäre Würde der gesamten Weltbevölkerung ein.

Nicht zuletzt wird das Egalitätsprinzip in der neutestamentlichen Botschaft konsequent weitergeführt. Christus ist das Heilsangebot Gottes für die ganze Welt. Nach Mt 25 kann jeder ihm in einem jeden begegnen, besonders in den Armen, Kranken, Nackten, Unterdrückten. Nach Gal 3,28 gibt es in der zur neuen Freiheit bestimmten Welt keine Trennwände mehr zwischen „Griechen und Juden, Sklaven und Freien, Mann und Frau". Die wichtigsten sozio-kulturellen Ausgrenzungen werden damit benannt, die in der Antike wirksam waren: Die „nationalen" und die religiös-kultischen, die standesbedingten und die geschlechtsbezogen-sexistischen. Inhaltlich – wenn auch nicht dem Wortlaut nach – wurde das Bekenntnis zur egalitären Menschenwürde damit öffentlich gemacht und ins Bewußtsein der antiken Welt eingetragen, wenn seine Anhänger zusammen mit wenigen Vertretern der Stoa auch nur kleinste Keimzellen im Vergleich zur damaligen Weltgesellschaft darstellten. Die Entrechtung und Diskriminierung des Stammes-, Kultur- und Religionsfremden, des Standesunterlegenen und der Frau wurden als unvertretbar entlarvt. Zwar klaffte damals und klafft bis zur Stunde geradezu ein Abgrund zwischen der Glaubensvision von der Geschwisterlichkeit aller Menschen und der sozio-kulturellen und rechtspolitischen Wirklichkeit. Gleichwohl, das Defizit der Geschichtswirklichkeit macht die Wahrheit und Größe des erkannten Ethos nicht ungültig.

So sehr dieses Ethos nun in der biblischen Botschaft enthalten ist, so darf doch ein anderes nicht übersehen werden: Dieselbe biblische Tradition mit ihren Texten gehört zu jenen historischen Wirkungsfaktoren, die der befreienden Sprachkraft der Bibel entgegenwirkten und weiterhin -wirken. Man braucht nur an die zahlreichen Stellen zu denken, durch die das Patriarchat der mediterranen Antike bekräftigt und die Rechtsunterlegenheit der Frau über Jahrtausende hinweg festgeschrieben wurde. Entsprechende Texte gibt es auch im Neuen Testament, die beitrugen zur Tabuisierung der Sexualität, zur Minderbewertung der Ehe (Jungfräulichkeitslob bei Paulus), zur Diskriminierung von Geisteskranken oder Behinderten (Besessene!), zur Ausgrenzung von Homosexuellen und zur Feindbild-Besetzung der Juden. Die Stigmatisierung der Juden geriet bis in die kirchliche Liturgie-Sprache, wurde doch über Jahrhunderte hinweg bis kurz vor das Zweite Vatikanum von den „perfidi Judaei" gesprochen (Karfreitagsfürbitten).

Bedenkt man diesen Textbefund und stellt ihn demjenigen entgegen, der die Botschaft eines „vorurteilsfreien" Ethos der geschwisterlichen Gemeinschaft aller Menschen zum Ausdruck gebracht hat, dann müssen drei Folgerungen gezogen werden. Erstens sind die biblischen Texte – in ihren vorhandenen Aussagen wörtlich genommen, also in ihrem Literalsinn –, nicht eindeutig, sondern ambivalent. Daraus folgt zweitens, daß die Texte der Verstehenslehre, der Hermeneutik, bedürfen. Soll schließlich drittens begriffen werden, was biblische Texte für uns heute zu bedeuten und an Geltung zu beanspruchen haben, müssen sie von einem „kritischen Prinzip" beurteilt werden, das seinerseits in weiteren Zusammenhängen der Schrift aufzudecken ist. Nach diesem Prinzip sind Rang und Geltung der Textaussagen für uns heute festzumachen. Es ist aufzudecken, was in ihnen geschichtlich bedingt ist und wo in ihnen jener Sinnzusammenhang liegt, der auch für die gegenwärtige Epoche seine Gültigkeit behält. Für Thomas von Aquin zum Beispiel bildete Gott, der Drei-Einige, als Urgrund und Vollender allen Seins diesen letzten Grund seiner Theologie und damit das kritische Prinzip all ihrer Aussagen. Für Martin Luther war alles in dem Gott vereinigt, der sich uns in seiner rechtfertigenden Zuwendung in Jesus Christus offenbar gemacht hat – dem auf seiten des Menschen der die ganze Person ergreifende Glaube an diesen Gott der Rechtfertigung entspricht.

Aber was vermögen derartige Verstehensursprünge – als solche müssen die genannten „kritischen Prinzipien" bezeichnet werden – für konkrete Probleme der Ethik zu sagen? Christen und Kirchen fragen in der Auseinandersetzung um die konkurrierenden Moralen zu Recht nach dem, was denn die Bibel etwa zum Thema Homosexualität oder vorehelicher Geschlechtsbeziehung oder zur Gleichberechtigung der Frau sagt. Abgesehen davon, daß mit Sorgfalt zu prüfen ist, was herangezogene Stellen denn ihrem Literalsinn nach wirklich hergeben, muß der einfache Rückgriff auf Textaussagen ohne einen entsprechenden Verstehens- und Auslegungszusammenhang in die Irre fundamentalistischer oder sektiererischer Regression führen. Man kann die Schrift, die in ihren verschiedenen Büchern oder anderweitigen Anteilen unter ganz unterschiedlichen historischen Verhältnissen entstanden und von verschiedensten Autoren verfaßt ist, nicht einfach nehmen und aus ihr konkrete Praxisanweisungen wie feststehende Daten ablesen wollen. Ebensowenig wie die Bibel ein Lehrbuch für Biologie oder Geschichte im heutigen Sinn darstellt, ist sie ein Handbuch für Regeln der Gesittung oder ein Codex des Sittengesetzes.

Damit ist keineswegs gesagt, die Bibel habe uns heute nichts sittlich Verbindliches oder Klares zum Thema Partnerschaft, Ehe und Familie oder Sexualität zu sagen. Im Gegenteil, sie spricht für diejenigen, die sie recht lesen, ebenso grundlegend wie deutlich. Niemand kann sich Legitimationen aus ihr holen, der menschenverachtender Gesinnung das Wort redet und sie praktiziert, niemand, der auf Zerstörung und Gewalt aus ist, niemand, der dem Patriarchalismus huldigt und die Frau in die Rolle der Unterdrückten zurückdrängen will. Nach wie vor gilt Luthers Wort: „Der Heilige Geist ist kein Skeptiker" (Über den unfreien Willen, 1525. WA 18, 605). Die Bibel spricht zu Grundlegendem unverhohlen und deutlich, nicht zu Randständigem oder gar Belanglosem. Aber sie verlangt, in dem Geist gelesen zu werden, von dem Luther sprach. Der „Heilige Geist" meint zuerst den Geist des rechten Verstehens. Rechtes Verstehen setzt die innere Beteiligung der Verstehenswilligen voraus. Ohne sie und ihren Verstehensprozeß kann das biblische Wort nicht zur Offenbarung werden.

Dabei meint Verstehen nicht nur einen intellektuellen Vorgang im Sinne der Informationserweiterung, sondern betrifft irgendwie immer die eigene Veränderung, fort von offenkundigen oder heimlichen Verstrickungen, hin zu dem, was im Sinne größerer Gerechtigkeit und Liebe für alle ist – ja, hin zu einer ganz unerwartbaren Wirklichkeit. Die Glaubensvision einer geschwisterlichen Weltgesellschaft ist – gemessen an den tatsächlichen Befunden – eine Utopie, eine Fiktion der Hoffenden. Daß auf die „Utopie der Hoffnung" hin jedoch das reale Miteinander der Nationen, Staaten, Kulturen und Völker gestaltet wird, darin liegt die tragende Wahrheit aller Ethik im Sinn der Bibel.

Insofern nimmt die ethische Verstehensbemühung an den allgemeinen Bedingungen biblischer Hermeneutik teil. Diese kann im Hinblick auf wichtige Perspektiven exemplarisch an den Gleichniserzählungen Jesu verdeutlicht werden. Die Fachforschung hat dazu Überraschendes erschlossen. „Als Formen poetischer Rede", sagt Wolfgang Harnisch nach sorgfältigen Sprachvergleichen, „partizipieren Jesu Parabeln am fiktionalen Wesen der Dichtkunst. Ihnen ist die Tendenz dichterischer Sprache zu eigen, das Gewohnte und Brauchbare zu überholen. Das Kunstwerk vertraut uns eine Wahrheit an, die nicht einfach Spiegelung unserer

Wirklichkeit ist. Es durchkreuzt vielmehr den Wirklichkeitszusammenhang, d. h. die Werk-Welt menschlichen Handelns, und nimmt uns kraft seiner imaginativen Sprache für das Mögliche in Anspruch. Die ‚andere und wesentlichere Welt', von der es Kunde gibt (wie Løgstrup sagt), ist die ‚Welt' des Möglichen, wobei der Begriff ‚Welt' in diesem Zusammenhang besser vermieden würde, hängt er doch abkünftig mit dem Wirklichen zusammen. Die Sprache der Gleichniserzählungen Jesu gibt sich jedenfalls als eine Sprache der Imagination zu verstehen, wie sie für das dichterische Kunstwerk charakteristisch ist. Sie affiziert die Einbildungskraft des Hörers und fordert ihn an, die Wahrheit des Möglichen zu entdecken. Es ist sehr naheliegend zu vermuten, daß diese dichterische Kraft der Parabeln Jesu etwas mit dem ‚Wort als Offenbarung' zu tun hat" (Harnisch 1985, 159f).

Die Beziehung zwischen dem objektiv hörbaren Wort – als geschriebener Text in der Bibel vorliegend und nachlesbar – und der Entdeckungskraft des Hörers oder Lesers wird von Harnisch noch einmal dahingehend bestimmt, daß sich das Verstehen und damit Offenbarung im Hörer/Leser vollzieht. Wo anders sollte beides denn auch geschehen? Natürlich nicht ohne das wahrgenommene Wort, aber eben doch im wahrnehmenden Subjekt!: ,,Die Ausbildung der Referenz der Parabel Jesu hat die Eigenart eines *Ereignisses*, das sich *am Ort der Einbildungskraft des Hörers* abspielt. Dank der eigenwilligen Steigerung des Fiktionalen, die die erzählte Welt der Parabel beherrscht, wird die Phantasie freilich auf eine Weise beansprucht, wie sie z. B. in der Traumerfahrung in Erscheinung tritt. Die Einbildungskraft wird überstrapaziert und gerade dadurch befähigt, die Grenzen des Wirklichen im Wachzustand des gelebten Daseins zu überschreiten. Wenn die dem Hörer zugeschobene ‚Arbeit' der Interpretation damit angemessen gekennzeichnet ist, so folgt daraus, daß das Unternehmen der Auslegung dieser Art von Rede den Charakter des Jeweiligen behält" (Harnisch 1985, 158).

Mit derartigen Einsichten der Gleichnisforschung, die entsprechend auf alle bibeltheologische Hermeneutik auszuweiten wären, sind vielverflochtene Probleme aufgegeben – das ist offenkundig. Zum Beispiel: Das ,,kritische Prinzip" der Auslegung muß der Bibel selbst entnommen werden. Denn von ihr her ist – jedenfalls nach theologisch-gläubigem Verständnis – festzustellen, wozu Christen und Kirche, Menschheit und Schöpfung eigentlich berufen sind. Wie aber sollen die „Heiligen Schriften" von sich aus hergeben, was in ihnen das Grundlegende oder Maßgebende, also das „kritische Prinzip" ist, wo doch vom Textbestand festgestellt werden mußte, daß dieser ambivalent sei? Gerät man nicht unausweichlich in den „hermeneutischen Zirkel", in dem immer schon vorausgesetzt wird, was es eigentlich zu beweisen gilt? Oder die andere bei Harnisch anklingende Frage: Wenn die Einbildungskraft Fiktionen der Hoffnung oder Zukunftserwartung zu entwerfen hat – gerät sie nicht ins Unkontrollierbare, ins Phantastische? Kann dann nicht alles „fingiert" werden? Ebenso ist die Einschränkung auf das „Jeweilige" mit Fragen beladen. Lassen sich überhaupt keine sittlichen Imperative, Ordnungen oder Handlungsmaximen im Namen des Evangeliums ausmachen, die geschichts- und situationsübergreifende Geltung haben und über das individuelle Gewissen hinaus als allgemeiner sittlicher Anspruch zu vermitteln sind? Fragen über Fragen, zugegeben. Ihnen läßt sich hier nicht näher nachgehen.

Aber einige entscheidende Einsichten der Bibelhermeneutik können doch festgehalten werden. Sie wurden von der theologisch-ethischen Tradition auf ihre Weise herausgestellt und vermögen bis in die Gegenwart zur Offenbarung einer neuen Welt- und Lebensbestimmung zu werden. So erzählt die Parabel Jesu von den Arbeitern im Weinberg vom Erscheinen einer unvermuteten und allen zufallenden Güte, die Parabel vom barmherzigen Samariter vom „Zufall" der Liebe, unberechenbar, für einen jeden, diejenige vom verlorenen Sohn vom Versprechen einer neuen Hoffnung, die Parabel vom Gastmahl vom Fest der unerwartbaren Freiheit (Harnisch 1985, 175–292). Wo diese Botschaft empfangen und wahrgenommen wird, ist es unmöglich zu vertreten, die Gesinnung oder Praxis der Welt- und Menschenverachtung, des Zynismus, der Menschenausgrenzung und -unterdrückung oder -ausbeutung habe irgendeine Legitimation. Das gilt für die Ausgrenzung und Unterdrückung der Frau seitens des Mannes im Namen des Patriarchats ebenso wie für die der homosexuellen Minderheit durch die heterosexuelle Majorität oder der „minderentwickelten" Völker, Kulturen und Rassen durch die „hochentwickelten".

Der Gott der Bibel in seiner unerwartbaren Zuwendung zu allen und einem jeden folgt überhaupt keinem Wertschema oder irgendeiner Wertungsskala. Die ungeschuldete Güte für einen jeden Menschen wendet sich voraussetzungslos und ganz allen zu. Darin liegt der Kern der Botschaft von der Rechtfertigung des Sünders. Die Rede von ,,wertvollem und wertlosem Leben" gibt es in einer so verstandenen Welt nicht. Umgekehrt hat die entgegengesetzte Sprache vom ,,lebensunwerten Leben" mit ihrer millionenfach praktizierten Konsequenz den Abgrund von Gottlosigkeit in jüngerer Vergangenheit entlarvt, die sich zugleich als grenzenlose Lebensverachtung und Menschenfeindlichkeit zeigte. Nein, die biblische Botschaft weist in entscheidenden Lebensfragen überhaupt keine Zweideutigkeit oder Ambivalenz auf. Sie will in ihrer egalitär-befreienden Kraft mitten durch alle Vorurteile menschlicher Art dringen. Sie will die ganze Welt zu einer großen, gerechten, liebenden Lebensgemeinde erwachsen lassen, in der zugleich jeder Einzelne und jede Kultur zu ihrer eigenen Identität befreit zu werden vermögen. Zugegeben, eine ungeheure Vision für unsere Geschichte! Aber damit keineswegs politisch ohne Belang oder unwahr – im Gegenteil! Die Wahrheit menschlicher, politischer und geschichtlicher Qualität wird immer mehr danach bemessen werden, in welchem Maß menschliche Praxis die Vision einer so gearteten Humanität in der Geschichte zur Geltung gebracht hat. An dem darin enthaltenen Ethos müssen sich alle überlieferten Moralen und Praktiken als an ihrem kritischen Prinzip bemessen lassen, auch die kirchlichen.

Anhang
Literaturbericht – Berichterstattung in eigener Sache

Die Unfähigkeit zur öffentlichen Diskussion in Fragen der Sexualität kennzeichnete bis vor wenigen Jahrzehnten unsere gesamte Gesellschaftssituation. Die Tabuisierung der menschlichen Geschlechtlichkeit in der bürgerlichen Epoche und ihrer Folgezeit ist hinreichend bekannt. Selbst in den Wissenschaften durfte diese Lebenswirklichkeit kaum behandelt werden. Man braucht nur daran zu denken, welchen Widerstand Magnus Hirschfeld oder Sigmund Freud mit ihren Initiativen auf dem Gebiet der Sexualforschung erfuhren. Die Tabuisierung oder Ausklammerung des Geschlechtlichen haben im deutschen Wortschatz und Sprachgebrauch ihren empirisch überprüfbaren Niederschlag gefunden. Der gesamte Bereich der Sexualität wird weitgehend von der (lateinischen) Fach-, der technisierten Kunst-, oder aber von der Vulgärsprache bestimmt. Die Umgangssprache hat auf dem einen oder anderen Feld ihre Anleihe gemacht. Seit einigen Jahrzehnten sind in der Forschung wie in der öffentlichen Sprache bekanntlich erhebliche Entwicklungen eingetreten, die zu einer breiteren Sexualforschung und zur Enttabuisierung des Geschlechtlichen im öffentlichen Diskurs beigetragen haben. Die Sprach- und Diskurssituation in der Kirche hinkt diesem Wissenschafts- und allgemeinen Sprachprozeß jedoch um vieles nach.

Eine derartige Ungleichzeitigkeit zwischen Kirche und Gesellschaft läßt sich in den letzten fünfzig Jahren etwa auf dem Gebiet der Sexualaufklärung, der wissenschaftlichen Diskussion zu sexualethischen Fragen, im Bereich der erotischen Kultur oder auch des innerkirchlichen Umgangs mit Gruppen alternativer Lebensformen nachweisen. So haben pastoral orientierte Priester und Theologen sich in den dreißiger Jahren um Fragen der kirchlichen Sexualpädagogik bemüht und in einer Kommission Leitsätze zur „Pflicht und Art der geschlechtlichen Aufklärung" entworfen. Der Text wurde von der Fuldaer Bischofskonferenz zurückgewiesen. „Das Schicksal dieser Eingabe, die zunächst eine Vorklärung bezweckte, brachte die Arbeit der Kommission zum Erliegen. Es wurde nicht mehr weiter geforscht, es wurde durch Flüsterpropaganda das wichtige Thema sogar zu einem Tabu abgestempelt. Es gab einschlägige Zeitschriften, die es ablehnten, Artikel aus dem Sachbereich abzudrucken, ‚weil sie mit den (kirchlichen) Behörden nicht in Konflikt kommen wollten'. Wie es der heranwachsenden Jugend erging, das schien wenig zu beunruhigen" (Bokler 1967, 23). Die pastorale oder sexualpädagogische Situation hatte sich im deutschen Katholizismus nach dem Zweiten Weltkrieg kaum geändert. Symptomatisch dafür war die Art der ,,Aufklärung", wie sie in den kirchlichen Kleinschriftständen den Jugendlichen angeboten wurden. Chr. Rohde-Dachser (1970) hatte seinerzeit eine detaillierte Textanalyse dieser – z. T. in hohen Auflagen – verbreiteten katholischen ,,Aufklärungsschriften" vorgenommen. Deren sachlicher Informationseffekt war bei der mystifizierenden Sprache über sexuelle Vorgänge so gering, daß ,,die kirchliche Jugend, wenn sie ‚die Wahrheit wissen wollte', zu nichtkirchlichen Autoren griff und dort eine Darstellung von Liebe und Sexualität in der Ehe fand, die oft der kirchlichen Sicht nicht entsprach oder zum mindesten die theologische oder ethische Beleuchtung ausklammerte" (Pfürtner 1972, 104). Sexualpädagogik, die mit der allgemeinen gesellschaftlichen Aufklärungs- und Praxisentwicklung Schritt hielt, konnte so in der kirchlichen Pastoral nicht entwickelt werden. Sie wurde immer mehr von Fachkräften außerkirchlicher Art wahrgenommen wie etwa innerhalb der Gesellschaftswissenschaften, der Sexualmedizin oder der allgemeinen Erziehungswissenschaften. In sich steht dieser Entwicklung nichts entgegen, gleichzeitig weist sie aber auf ein Defizit kirchlicher Diakonie an Jugendlichen auf dem Weg ihrer Identitätsfindung hin.

Nicht minder spiegeln sich die innerkirchlichen Ängste, in Konfliktfragen zu Ehe, Familie und Sexualität öffentliche Sprache zuzulassen, in der jüngeren Geschichte der Moraltheologie wider. Ebenfalls in den dreißiger Jahren hatte Herbert Doms (1935) eine Fachdiskussion über den Sinn der Ehe begonnen. Er widersprach der von Augustin († 430) geprägten Moraltradition, den obersten Sinn der Ehe in deren Fortpflanzungszweck zu sehen. Deutsche, Schweizer und französische Theologen wie Muckermann, Krempel, E. Michel und Lavaud beteiligten sich an der Debatte. Die einen kamen mit ihren Schriften auf den Index, andere verloren ihre Lehrstühle. Pius XII. setzte dem öffentlichen Diskurs autoritativ ein Ende – bis das Zweite Vatikanum dem neu formulierten Verständnis von Doms recht gab (Pfürtner 1972, 114–120; Häring 1968, 431).

Das eben genannte Konzil hatte der öffentlichen Sprache und damit auch der freien Meinungs- oder Urteilsbildung in der Kirche ganz allgemein zwar im Vergleich zu früher erhebliche Impulse vermittelt. Damit waren auch die theologischen Diskussionsmöglichkeiten zu Fragen der Ehe- und Sexualmoral erweitert worden. Aber es zeigte sich bereits in den Konzilsvorgängen, wie wenig die römisch-katholische Kirche in ihren Institutionsträgern und Theologen für einen öffentlichen sexualanthropologischen und -ethischen Diskurs vorbereitet waren. Bernhard Häring gibt dem Gesagten in seinem Erinnerungsbericht beredten Ausdruck (Häring 1989, 84–104). So wurden das für die Struktur der Kirche grundlegende Problemfeld des Priesterzölibats ebenso wie die für die Kirchen- und Weltöffentlichkeit folgenschwere Frage der Empfängnisverhütung durch den damaligen Papst Paul VI. der freien Konzilsdiskussion entzogen. Deshalb ist es kaum verwunderlich, daß nach einer kurzen Phase freierer theologischer Sprachmöglichkeiten in der nachkonziliaren Entwicklung sehr schnell wieder die Vertreter der alten repressiven Muster an die Oberfläche drängten und sich nicht argumentativ, sondern mit den früheren Methoden der Lehrdisziplinierung durchzusetzen suchten. Symptomatisch für die Tabu-Ängste innerhalb der römisch-katholischen Kirche begann die neue Repressionsphase auf dem Gebiet der Sexualmoral.

Denn das erste „außerordentliche Verfahren", das die Glaubenskongregation, die Nachfolgebehörde des Hl. Offiziums, nach dem Konzil überhaupt abwickelte, richtete sich gegen den Verfasser und die von ihm in die öffentliche Diskussion gebrachten Positionen zur Reform der katholischen Sexualmoral. Ich war seinerzeit Moraltheologe an der Universität Freiburg (Schweiz). Die Hektik und die selbst kirchenrechtlich fragwürdige Art, mit denen 1971/72 ein Geheimprozeß gegen mich in Rom durchgesetzt wurde (vgl. Kaufmann 1987, 28–31 u. 603–611), weist auf soetwas wie eine kollektive Sexualangst der maßgeblichen Kirchenbehörde hin.

Inhaltlich ging es um Folgendes: In der moraltheologischen

Fachwelt hatte mehr und mehr die Einsicht um sich gegriffen – die inzwischen zum Allgemeingut geworden ist –, daß die kirchliche Lehr- und Praxistradition seit Jahrhunderten von einem vielverzweigten Sexualpessimismus und einem leibfeindlichen Dualismus durchzogen worden war. Nachhaltige historische Studien wie etwa die von Michael Müller (1954, 9–32; 281–284; ders., 1968, 146ff) wiesen derartige Traditionsbezüge in ihrer Fragwürdigkeit auf. Ebenso war die katholische Sexualmoral weite Strecken in eine heillose Moralkasuistik abgeglitten (,,Zentimetermoral", kirchliche Regie bis ins Schlafzimmer hinein usf.). Besonders die Jugendlichen und die Ehepartner hatten darunter zu leiden. Die Beichte wurde dabei – gewollt oder unbewußt? – als Instrument der Kontrolle und Indoktrination vielfach mißbraucht. Schließlich war aus dem Informationsaustausch mit der sexualsoziologischen Forschung zunehmend offenkundig geworden, daß das kirchliche Wertsystem einen breiten Geltungsverlust erfahren hatte (Menne 1971, 236–262).

Der öffentliche Widerspruch, der gegen die Enzyklika ,,Humanae vitae" weltweit vorgebracht wurde (Böckle u. Holenstein 1968), war ein Symptom für diese Kluft zwischen der kirchenamtlich vertretenen Moral und den faktisch gelebten sittlichen Überzeugungen in Kirche und Gesellschaft. Aus meiner kirchlichen Verantwortung als Moraltheologe sah ich mich verpflichtet, die genannten Repressions- und Entfremdungsverhältnisse nicht nur in kleinen Fachkreisen zu diskutieren, sondern sie endlich auch in die öffentlich-kirchliche Diskussion zu bringen. Ich hielt es für unvereinbar mit dem rechten Verständnis von Kirche, nach dem Muster einer Betreuungsdiktatur diejenigen, die es vor allem anging, aus dem Diskurs herauszuhalten, um sie nachher den Direktiven einer klerikalen Expertengruppe unterstellen zu wollen. Meine Vorlesungs-, Vortrags- und Publikationstätigkeit galt seinerzeit nicht zuletzt entsprechenden Bemühungen (Pfürtner 1972; ders. 1972a; Groß u. Pfürtner 1973). Dabei sah ich mich in den Sachfragen weitgehend im Konsens mit meinen moraltheologischen oder anderweitig moralwissenschaftlich interessierten Fachkollegen. Die Schweizer ,,Synode '72" griff meine Diskussionsanstöße interessiert auf. Es wurde mir – schriftlich und mündlich – immer wieder bestätigt, daß ich keineswegs exzessive Positionen vertreten hatte. Im Unterschied zu anderen katholischen Kollegen dürfte ich jedoch wohl eine unmißverständlichere Sprache für die breitere Öffentlichkeit gesprochen haben. Selbst unter der Gefahr einer simplifizierenden Auslegung hielt ich es für unerläßlich, jeweils ,,das Kind beim Namen zu nennen" –, so daß die breite Öffentlichkeit wissen konnte, worum es ging. Ich stellte dabei unter anderem die Frage, ob es nicht auch für die Kirche gemäß der Entwicklung des Moralbewußtseins in der Gesellschaft an der Zeit sei, die verantwortlich gelebte Sexualität von Jugendlichen, Homosexuellen, Behinderten und Alleinstehenden aus einer generellen moralischen Diskriminierung herauszunehmen (Pfürtner 1972a, 20–30). War es nicht an der Zeit, die einseitig betonte Beziehung von Sexualität und Sünde aufzugeben? In der kirchlichen Verkündigung war endlich herauszuheben, daß menschliche Geschlechtlichkeit einschließlich ihrer Lusterfahrung für den aus Glauben Lebenden zuerst als ,,gute Gabe Gottes" zugesagt ist. Daß Sexualität wie unsere gesamte geschöpfliche Existenz menschlicher Gebrochenheit unterlag, sollte nicht verschwiegen, jedoch auch nicht so sehr wie in der Tradition zu einer Mittelpunktsgefahr der Moral gemacht werden. Die katholische Moralsprache hatte endlich auch im Feld der Sexualität erkennen zu lassen, daß christliche Ethik nicht einen Kodex von repressiven Gesetzen zum eigentlichen Inhalt habe, sondern die befreiende Kraft des Evangeliums. Es war zu zeigen, daß die geschichtlich bedingte Bindung menschlicher Sexualität an Ehe und Fortpflanzung überfällig geworden war und eine positive Würdigung alternativer Lebenspraxis anstand. Damit war auch von einer einseitig normtheoretischen oder legalistischen Moraltradition Abschied zu nehmen und eine Ethik personaler sowie sozialer Verantwortung zu entfalten. Der Theorierahmen der katholischen Tradition, nach dem etwa Sexualerfahrungen von Jugendlichen vor der Ehe als ,,objektiv schwer sündhaft", ,,subjektiv" aber möglicherweise als entschuldbar benannt wurden, hatte sich als unzureichend erwiesen. Entsprechendes galt für andere Personenkreise und deren Lebenssituationen. Es war zunächst zu zeigen, daß eine derartige Sprache überhaupt von einer bestimmten Moraltheorie herkam. Sodann war argumentativ geltend zu machen, daß diese Theorie inzwischen unzureichend geworden war und dringend der Erweiterung bedurfte. Der Verantwortung des Subjekts mußte im Umgang mit seiner Sexualität und seiner Partnerschaftsbeziehung ein ganz anderer Stellenwert als in der Vergangenheit zuerkannt werden.

Es soll nicht bestritten werden, daß mit derartigen Positionen eine tiefgreifende, wenn man will eine „revolutionäre" Veränderung gegenüber den herkömmlichen Moralvorstellungen erforderlich wurde. Allein das Ansinnen, der vor- oder außerehelichen Sexualpraxis nicht generell jedwede moralische Legitimation abzusprechen, galt Traditionsvertretern (nicht nur im kirchlichen, sondern auch im bürgerlichen Raum) als unerträglich. Immerhin hatten jedoch die „Denkschrift der Evangelischen Kirche zu Fragen der Sexualität" (1971) und die „Gemeinsame Synode der Bistümer der Bundesrepublik Deutschland" (1975) erste behutsame Schritte zur Öffnung in der genannten Richtung versucht. Die Gremien, die die entsprechenden Schriften oder Beschlüsse verfaßt hatten, lebten und reflektierten offenbar aus einer größeren Nähe zu Gesellschaft und Öffentlichkeit als dies seitens des Vatikans der Fall war. Meine öffentlichen Stellungnahmen kamen jedenfalls den Amtsträgern der Glaubenskongregation so extravagant vor, daß sie sie ohne große Überprüfung als „einen klaren Glaubensirrtum" einstuften, dessen Verbreitung „zugleich unmittelbaren Schaden für die Gläubigen" bedeute. Unter diesen beiden Voraussetzungen allein war nämlich für die genannte Vatikanbehörde nach Art. 1 ihrer eigenen Verfahrensordnung („Nova Agendi Ratio" von 1971) das „außerordentliche Verfahren" zulässig, das dann bei mir in Gang gesetzt wurde (Kaufmann 1987, 606).

Der vatikanische Prozeß wies in vielem die Grundstruktur alter Inquisitionsvorgänge auf: Er erfolgte aufgrund geheimer Denunziation und lief geheim ab. Die Anklagebehörde war zugleich das Gerichtsforum. Seine wichtigste Etappe (zwischen Dezember '71 und Januar '72) war bereits abgeschlossen, als der „Angeklagte" – aber auch die Schweizer Bischofskonferenz – überhaupt davon erfuhren. Mir war somit kein „rechtliches Gehör" gewährt und keine Möglichkeit eingeräumt, vor dem Urteilsspruch meine wirklichen Lehrpositionen darzulegen. Erst nach heftigem öffentlichen Protest in der Schweiz ließen sich die beteiligten römischen Behörden hierin auf eine gewisse Modifikation ein. Schließlich wurde ich zum öffentlichen Widerruf meiner „Thesen und Ideen" aufgefordert, ohne Rücksicht darauf, wie ein derartiges Ansinnen mit dem „besseren Wissen und Gewissen" des Verurteilten sowie mit den Garantien universitärer Lehr- und Forschungsfreiheit vereinbar sei. Ich habe diese Bedenken dem damaligen Präsidenten der Glaubenskongregation, Kardinal Seper, zuerst mündlich und dann schriftlich vorgetragen (Kaufmann 1987, 432–439 u. 623–628). Kennzeichnend für den Mangel an wirklich brüderlichem Miteinander in diesen hierarchischen Kreisen der Kirche war es bereits, daß ich auf das ausführliche Schreiben nicht einmal eine Empfangsbestätigung erhielt. Schließlich wurde ich immer mehr – nicht zuletzt auf sehr subtilem Weg über den „weltlichen Arm", d. h. über die Kantonsbehörde von Fribourg – zur Demission von meinem Lehrstuhl genötigt.

Der Kirchenkonflikt fand – verständlicherweise besonders in der Schweiz – zwischen 1972 und '74 eine große Resonanz. Geradezu einhellig wurde dabei in der Öffentlichkeit die Vorgehensweise der Glaubenskongregation nach dem Muster der Inquisitionsprozesse mißbilligt. Die Frage nach der Einhaltung grundlegender Menschenrechte in der Kirche wurde nachhaltig laut. Mag es zu Einzelthemen und ihrer Weiterentwicklung in der Sexualmoral auseinandergehende Auffassungen gegeben haben, ein überragender Konsens bestand jedoch darin, daß in der Kirche endlich offen und freimütig über die traditionelle Sexualethik gesprochen werden müßte und daß ihre (aus der Antike und dem Mittelalter herrührenden) Verkrustungen endlich aufzubrechen seien.

Statt dessen wurde jedoch die Lehrdisziplinierung im Themenkreis Ehe- und Sexualmoral von den vatikanischen Behörden verstärkt und international fortgesetzt. Denn die Glaubenskongregation wiederholte in ihrer „Erklärung zu einigen Fragen der Sexualethik" (1975) im wesentlichen die traditionellen Positionen. Sie widersetzte sich der „heutigen Tendenz, die Wirklichkeit der schweren Sünde möglichst einzuschränken" (a.a.O. Nr. 10), bestand also auf der herkömmlichen kirchlichen Verinnerlichung von Sündenbewußtsein im Erlebnisbereich der Sexualität. Die Reformvorschläge zugunsten einer menschenfreundlicheren und eigenverantwortlichen Sexualethik wurden als Versuche „vor allem durch die lauen Christen" disqualifiziert, „die Beobachtung des Sittengesetzes ... und die Übung der Keuschheit" in Frage zu stellen (a.a.O.). In der disziplinären Praxis begann man immer deutlicher, vornehmlich die Moraltheologen unter die Lupe zu nehmen und systematisch eine Ausgliederung der „Abweichler" zu betreiben.

Im angelsächsischen Sprachraum wurde Charles E. Curran besonders deutlich davon betroffen. Er hatte aus seiner pastoraltheologischen und sozialethischen Motivation heraus 1974 begonnen, Themen der katholischen Sexualmoral mit zahlreichen ihrer absolut gesetzten Normen dem öffentlichen Diskurs zu unterziehen und neue Perspektiven vorzutragen (Curran 1986, 21). Engagiert trat er dafür ein, daß in Fragen, die nicht der dogmatischen Unfehlbarkeit unterliegen, ein legitimer Dissens oder – wie er es inhaltreicher nannte, ein „faithful dissent" – in der Kirche möglich sein müsse (a.a.O., passim). Zu diesen „nicht unfehlbaren Lehren" zählte er verschiedene Positionen der traditionellen Sexualethik (Curran 1988). Bernhard Häring, bei dem Curran in seiner römischen Ausbildungszeit Student gewesen war, berichtet in dankenswerter Offenheit von dem Verfahren der Glaubenskongregation gegen Curran. 1986 fand ein gemeinsames Gespräch der beiden mit Kardinal Ratzinger, dem Präfekten der Glaubenskongregation, in Rom statt. Es zeigte sich einmal mehr, daß dort die Würfel längst gefallen waren. Auch „ein Brief des Heimatbischofs, ... in dem der Bischof seinem Priester (Curran, Pf.) ein hervorragendes Zeugnis seines priesterlichen Geistes und seines Verantwortungssinnes als Theologe ausstellte" (Häring 1989, 123f), nützte nichts. Dem amerikanischen Theologen wurde die kirchliche Lehrerlaubnis entzogen.

Ob dies vornehmlich wegen seiner Auffassungen in Fragen der Ehe- und Sexualmoral oder wegen seines Einsatzes für einen größeren theologischen Pluralismus in der katholischen Kirche geschah, ist hier belanglos. Aufschlußreich ist aber, daß sich auch hier am Thema Sexualität das Thema Freiheit und Menschenrechte in der Kirche artikulierte. Die Unterdrückungsgeschichte totalitärer oder absolutistischer Staatswesen weist hier erstaunliche Parallelen mit der kirchlichen auf. Sexuelle Emanzipation und politische Befreiung von ungerechten Herrschaftssystemen sind immer wieder Hand in Hand gegangen. Ebenso läßt sich in individualanthropologischer Hinsicht nicht verkennen, daß die Entfaltung der personalen Identität ohne freie Annahme und Verwirklichung der eigenen Sexualität nicht möglich ist. Gesellschaftlich verursachte Sexualängste tragen zur Erhaltung von Abhängigkeiten der Individuen vom jeweiligen Kollektiv erheblich bei. Sie versperren den Weg zur Selbstfindung des Ich und hindern damit die Entfaltung seiner Fähigkeit zur Eigenverantwortung.

Fragwürdige Disziplinierungen stellen eine Form von ungerechter Machtausübung dar. Sie provozieren in jedem Sozialkörper, also auch in der Kirche, die Bildung von Gegenmacht, führen zur Steigerung von Aggressionen, zu kollektiven Verdrängungserscheinungen sowie zu Polarisierungen der gegensätzlich orientierten Gruppen. Simplifizierende Feindbilder entstehen und üben ihre Wirkung aus. Sie versperren jeden Weg zu einer vorurteilsfreien Kommunikation. All das ist gegenwärtig in verschiedenen Schattierungen in der römisch-katholischen Kirche vorzufinden. Veranstaltungen mit dem Erscheinungsbild großer Kirchenharmonie, wie sie Katholikentage oder Gottesdienste bei Papstbesuchen hervorrufen, täuschen über die wirkliche Verfassung des Katholizismus hinweg. Weil Minderheiten nicht öffentlich in der Kirche zugelassen werden, müssen sie in den Kirchen-Untergrund gehen.

Die gezielten Aussonderungen von kritisch anfragenden Theologen aus dem innerkirchlichen Diskurs durch deren Maßregelungen oder Amtsenthebungen sind Versuche des Religionssystems bzw. seiner Machtverwalter, die Kirche der freien Verarbeitung von Konflikten durch deren Verdrängung zu entledigen. Nicht umsonst fand die „Kölner Erklärung kath. Theologieprofessorinnen und Theologieprofessoren" vom 6. Januar 1989 „Wider die Entmündigung – für eine offene Katholizität"(„Kölner Erklärung 1989) eine weltweite Resonanz. Das Thema dieser Erklärung gilt zwar der allgemeinen Repression in der römisch-katholischen Kirche. Aufschlußreich ist jedoch wiederum, daß die kirchliche Entmündigung im Bereich der Sexualmoral den entscheidenden Anstoß zum öffentlichen Protest der – inzwischen – mehr als 200 Theologen und Theologinnen gab. Denn es war die rigorose Morallehre und ihre Durchsetzungsstrategien in Fragen der Empfängnisverhütung durch Johannes Paul II., die die Initiatoren der Erklärung zu ihrer Stellungnahme veranlaßte (Böckle 1989). Den kritischen Gang – den zur Zeit letzten eines Kirchenhistorikers –

durch die Geschichte der kirchlichen Sexualunterdrückung unter dem Titel „Die verbotene Lust" konnte Georg Denzler (1989) nur deshalb veröffentlichen, weil er eine kirchlich unabhängige Professur hat. Eugen Drewermann hat sich bereits mit zahlreichen kritischen Veröffentlichungen zu biblisch und dogmatisch zentralen Themen der Diskussion gestellt. Erst sein Angriff auf den Pflichtzölibat jedoch brachte ein Verfahren der Kirchenbehörde gegen ihn in Gang. Sein Buch „Kleriker. Psychogramm eines Ideals" (1989) stellt die umfassendste Auseinandersetzung mit dem Pflichtzölibat in der internationalen Fachliteratur unseres Jahrhunderts dar. Auch wenn seine Studie den traumatischen Wirkungen bei konkreten Männern und Frauen gilt, die von der kirchlichen Einrichtung betroffen sind, – auch wenn das Thema aus der Sicht des Tiefenpsychologen Drewermann angegangen wurde, die bisweilen zur allgemein theologischen erhoben zu sein scheint –: An seinem zentralen Protestthema ist nicht vorbeizureden. „Die Fehlentwicklungen und Verwüstungen" der Betroffenen dürfen nicht „zu bedauerlichen Einzelfällen verharmlost" werden, „die der Richtigkeit des Systems nichts anhaben können. Man hat es hier wirklich mit systembedingten und -induzierten Formen kirchlicher Gewalt zu tun" (Wiederkehr 1990, 19). Diesen sozialpsychologischen und zugleich kulturkritischen Zusammenhang in einem derartigen Umfang dargelegt zu haben, macht das Gewicht des angesprochenen „Psychogramms" aus.

Der „Literatur-Bericht", der keinen Anspruch auf Vollständigkeit erhebt, darf nicht ohne eine positive Befunderhebung abgeschlossen werden. Inhaltlich wurde sie soeben bereits berührt. Der historische Vergleich zur vorkonziliaren Situation der römisch-katholischen Kirche läßt keinen Zweifel daran, daß auch in dieser ehemals monolythisch-geschlossenen Kirche erhebliche Öffnungen vollzogen wurden. Pluralismus von Auffassungen und Lebensformen sowie ökumenische Kommunikation haben in ihr Einzug gehalten. Erzbischöfe und Kardinäle setzen sich – wie im „Fall Leonardo Boff" – für ihre Mitbrüder gegen die römische Kurie zur Wehr. Diese „Freiheit in der Kirche" muß freilich meistens hierarchischen Amtsträgern, allen voran denen des Papstamtes, „von unten" abgetrotzt werden. An der „Basis" jedoch ist auch „katholische Kirche" eine vielgegliederte Wirklichkeit geworden. Die Basisgemeinden in den lateinamerikanischen Kirchen geben darüber ebenso Auskunft wie die „Katholikentage von unten" in Deutschland. Verschiedene Kreise oder Bewegungen, zusammengesetzt aus Klerikern und Laien, haben sich auch innerkirchlich eine freie Sprache erkämpft, selbst wenn bestimmte kirchliche Systemträger, nicht zuletzt aufgrund ihrer institutionellen und ökonomischen Macht, die erlangte Freiheit auf allen möglichen Wegen zu beschneiden suchen. Bisher ist dies jedoch nur sehr bedingt gelungen. Sonst wären Publikationen wie „Nackter als nackt komme ich zu Dir" (Publik-Forum. Extra. O. Jg.) oder Sammelveröffentlichungen wie „Das Paar – Mythos und Wirklichkeit" (hg. von Peter Michael Pflüger 1988) und „Identität und Sexualität. Süchtige zwischen Selbstheilung und Selbstzerstörung" (Hg. von Engelbert Fuchtmann) nicht denkbar. Ebenso wenig würde ein katholischer Verlag wie Herder ein so differenziertes Buch zum „Schwangerschaftsabbruch – Die Herausforderung und die Alternativen" herausbringen wollen und können, wie es Dietmar und Irene Mieth (1991) geschrieben haben.

Literatur

Abendroth, Wolfgang, 1973
Demokratie als Institution und Aufgabe.
(Erstveröff. 1955) In: Grundprobleme der Demokratie, hg. v. Ulrich Matz, Darmstadt, 156–170.
Allgemeine Erklärung der Menschenrechte vom 10.12.1948
In: Die Menschenrechte. Erklärungen, Verfassungsartikel, Internationale Abkommen. Hrsg. v. Wolfgang Heidelmeyer, Paderborn 1972, 239–245
Amery, Carl, 1975
Das Ende der Vorsehung. Die gnadenlosen Folgen des Christentums Reinbek bei Hamburg
Aristoteles
Politik. (Ed. Bekker 1252–1342)
Deutsch übersetzt und herausgegeben von Olof Gigon, München ⁵1984
Augustinus
– In Joh. epist. tr. 7. Ed. D. G. Morin, S. Augustini sermones post Maurinos reperti. Romae 1930;
– Ders. De civit. dei XV. Dtsche Ausg.: D. J. Perl, Der Gottesstaat. 1951/52.
Bach, Wilfried/Lesch, Karl-Heinz, 1989
Auswege aus der Klimakatastrophe. In: Ökologische Konzepte, 30/1989
Barion, Hans, 1984
Kirche und Kirchenrecht.
Gesammelte Aufsätze. Hrsg. von Werner Böckenförde. Paderborn
Barth, Hans-Martin, 1990
Einander Priester sein. Allgemeines Priestertum in ökumenischer Perspektive. Göttingen
Beauvoir, Simone de, 1968
Das andere Geschlecht. Sitte und Sexus der Frau. Hamburg
Beinert, Wolfgang (Hrsg.), 1987
Frauenbefreiung und Kirche.
Darstellung – Analyse – Dokumentation. Mit Beiträgen von Wolfgang Beinert, Herlinde Pissarek-Hudelist, Rudolf Zwank. Regensburg
Bensberger Kreis (Hrsg.), 1992
Kirche – Macht – Sexualität, c/o Josef Funk, Rathausstraße 36, 7981 Schlier.
Auszugsweise in: Plädoyer für die Vielfalt der Lebensformen. Bensberger Kreis formuliert Einwände gegen die Morallehre der katholischen Kirche. Frankfurter Rundschau v. 5. März 1992
Bevölkerungsentwicklung und nachwachsende Generation, 1980
Bericht eines Arbeitskreises der Gesellschaft für sozialen Fortschritt. Schriftenreihe des Bundesministers für Jugend, Familie und Gesundheit (BMJFG).
Bd. 93, Stuttgart–Berlin–Köln–Mainz
Bleibtreu-Ehrenberg, Gisela, 1987
Tabu Homosexualität. Die Geschichte eines Vorurteils. Frankfurt

Bloch, Ernst, 1959
Das Prinzip Hoffnung. 3 Bde., Frankfurt a. M.

Böckle, Franz, 1983
Beeinflussung des Bevölkerungswachstums als ethisches Problem. In: Ernährung und Gesellschaft, 113–123

Böckle, Franz, 1989
Papstrede vor Moraltheologen war ausschlaggebend.
Interview-Bericht der Kathpress Nr. 21, 3 v. 31. 1. 1989

Böckle, Franz, 1992
Verantwortlich leben – menschenwürdig sterben. Zürich

Böckle u. a., o. J. (1990)
Franz Böckle, Hans-Rimbert Hemmer, Herbert Kötter.
Armut und Bevölkerungsentwicklung in der Dritten Welt. Hg. von der Wissenschaftlichen Arbeitsgruppe für weltkirchliche Aufgaben der Deutschen Bischofskonferenz, o. J. Bonn (1990)

Böckle, Franz/Holenstein, Carl (Hrsg.), 1968
Die Enzyklika in der Diskussion. Eine orientierende Dokumentation zu ‚Humanae vitae'. Zürich–Einsiedeln–Köln

Bokler, W./Fleckenstein, H., 1967
Die sexualpädagogischen Richtlinien in der Jugendpastoral. Probleme der praktischen Theologie Bd. 6 Mainz.

Bonhoeffer, Dietrich, 1992
Ethik. Herausgegeben von Ilse Tödt, Heinz Eduard Tödt, Ernst Feil und Clifford Green. München

Brooten, B./Greinacher, N. (Hrsg.), 1982
Frauen in der Männerkirche. Mainz

Chenu, Marie-Dominique, 1991
Kirchliche Soziallehre im Wandel. Das Ringen der Kirche um das Verständnis der gesellschaftlichen Wirklichkeit. Mit einem Vorwort von Kuno Füssel und einem Hintergrundbeitrag von Ludwig Kaufmann.
Fribourg/Luzern

CIC 1917/1951
Codex Iuris Canonici (. . .) Benedicti Papa XV auctoritate promulgatus (Rom 1917), Typis Polyglottis Vaticanis 1951

CIC 1983: Codex Iuris Canonici – Codex des kanonischen Rechts
Lateinisch-deutsche Ausgabe (2. verb. Aufl. 1984) Kevelaer

Concilium 1988
Thematisches Heft zu ,,Macht in der Kirche oder kirchliche Vollmacht?'' 3 (1988)

Confessio Augustana, 1530
Die Augsburgische Konfession. Confessio oder Bekanntnus des Glaubens etlicher Fürsten und Städte uberantwort Kaiserlicher Majestät zu Augsburg Anno 1530
In: Bekenntnisschriften der Evangelisch-Lutherischen Kirche, Göttingen 1959, 31–140

Congregatio pro doctrina fidei, 1989
,,Professio fidei'' et ,,Jusiurandum fidelitatis'', in: L'Osservatore Romano vom 25. 2. 1989

Crottogini, Jakob, 1955
Werden und Krise des Priesterberufs. Eine psychologisch-pädagogische Untersuchung über den Priesternachwuchs in verschiedenen Ländern Europas, Einsiedeln–Zürich–Köln
Curran, Charles E., 1986
Faithful Dissent, Sheed and Ward, Kansas City
Curran, Charles E., 1988
Sexualität und Ethik. Übersetzt von Vivien Marx.
Mit einem Nachwort von Stephan Pfürtner.
Frankfurt a. M.
Daigeler, Hans Wolfgang, 1973
Heutiges Menschenrechtsbewußtsein und Kirche. Die Beteiligung des einzelnen an der Leitung des Gemeinwesens in Demokratie und Kirche.
Zürich–Einsiedeln–Köln
Dannecker, Martin, 1987
Das Drama der Sexualität. Frankfurt
Das Leben des ungeborenen Kindes, o. J.
Das Leben des ungeborenen Kindes. Zur aktuellen politischen Diskussion.
Hg. vom Sekretariat der Deutschen Bischofskonferenz u. vom Zentralkomitee der deutschen Katholiken – Generalsekretariat, Bonn o. J.
Denkschrift zu Fragen der Sexualität, 1971
Erarbeitet von einer Kommission der Evang. Kirche in Deutschland. Gütersloh
Denzinger, Henricus/Schönmetzer, Adolfus, 1963
Enchiridion Symbolorum Definitionum et Declarationum de Rebus Fidei et Morum. Barcelona–Freiburg i. Br.–Rom–New York.
Denzler, Georg, 1973 u. 1976
Das Papsttum und der Amtszölibat.
Erster Teil: Die Zeit bis zur Reformation.
Stuttgart 1973.
Zweiter Teil: Von der Reformation bis in die Gegenwart. Stuttgart 1976
Denzler, Georg, 1989
Die verbotene Lust. 2000 Jahre christliche Sexualmoral. München–Zürich
Deutsche Bischofskonferenz, 1967
Schreiben der deutschen Bischöfe an alle, die von der Kirche mit der Glaubensverkündigung beauftragt sind. Trier 1967, 12–14
Deutsche Bischofskonferenz, 1968
Wort der deutschen Bischöfe zur seelsorgerlichen Lage nach dem Erscheinen der Enzyklika „Humanae vitae". In: Nachkonziliare Dokumentation Bd. 14, Trier 1968, 63–71
Deutsche Bischofskonferenz, 1981
Zu Fragen der Stellung der Frau in Kirche und Gesellschaft.
Hg. v. Sekretariat der Deutschen Bischofskonferenz, Bonn
Die Grenzen des Wachstums, 1973
Bericht des Club of Rome zur Lage der Menschheit.
Hrsg. von Dennis Meadows, Donella Meadows, Erich Zahn, Peter Milling (Amerik. Originalausgabe „The Limits to Growth" New York 1972). Reinbek b. Hamburg

Doms, Herbert, 1935
Vom Sinn und Zweck der Ehe. Breslau
Drewermann, Eugen, 1989
Kleriker. Psychogramm eines Ideals. 3. Auflage, Olten–Freiburg i. Br.
Ehlers, Eckart, 1983
Ernährung und Gesellschaft: Bevölkerungswachstum – agrare Tragfähigkeit
der Erde. In: Ernährung und Gesellschaft, 17–31
Ernährung und Gesellschaft, 1983
Hrsg. von Eckart Ehlers. Frankfurt a. M.
FEST (Forschungsstätte der Evangelischen Studiengemeinschaft), 1986
Tschernobyl – Folgen und Folgerungen. 30 Thesen zum Verhältnis von Technologie und Politik. Eine Stellungnahme der FEST. Heidelberg
Foucault, Michel, 1978
Das Nein zum König Sex. Ein Gespräch mit Bernard-Henri Lévy, übers. v.
Ulrich Raulf. In: Ders., Dispositive der Macht. Berlin
Frauenlexikon, 1988
Frauenlexikon. Traditionen Fakten Perspektiven. Hg. von Anneliese Lissner,
Rita Süssmuth, Karin Walter. Redaktionelle Mitarbeit: Siegfried R. Dunde,
Rudolf Walter. Freiburg-Basel-Wien
Freud, Sigmund, 1948
Das Unbehagen in der Kultur (zwischen 1925 und 1931). Ges. Werke Bd. XIV,
London
Friedeburg, Ludwig von, 1953
Die Umfrage in der Intimsphäre. In: Beiträge zur Sexualforschung H. 4, 1953
Fuchtmann, Engelbert (Hrsg.), 1988
Identität und Sexualität.
Süchtige zwischen Selbstheilung und Selbstzerstörung.
Freiburg i. Br. 1988
Gagern, Friedrich E. von, 1967
Geburtenregelung und Gewissensentscheid. Die bekannt gewordenen Dokumente der Päpstlichen Ehekommission. Mit Einführung und Ausblick.
München
Gemeinsame Synode der Bistümer der Bundesrepublik Deutschland, 1976
Beschlüsse der Vollversammlung. Freiburg–Basel–Wien
Gerstenberger, Erhard S., 1988
Jahwe – ein patriarchaler Gott? Traditionelles Gottesbild und feministische
Theologie.
Stuttgart–Berlin–Köln–Mainz
Glaubensbekenntnis und Treueid, 1990
Glaubensbekenntnis und Treueid. Klarstellungen zu den ,,neuen'' römischen Formeln für kirchliche Amtsträger. Mit Beiträgen von Gustave Thils
und Theodor Schneider, Mainz 1990
Glaubenskongregation (Hl. Kongregation für die Glaubenslehre), 1975
Erklärung zu einigen Fragen der Sexualethik
Vatikanische Polyglott Druckerei (Roma)
Glaubenskongregation, 1986
S. Verlautbarungen des Apost. Stuhles 1986
Glaubenskongregations 1989

Professio fidei et iusiurandum fidelitatis in suscipiendo officio nomine ecclesiae exercendo.
AAS 81 (1989) 104–106.
Abdruck in: L'Osservatore Romano v. 25. 2. 1989

Glaubenskongregation, 1990
Instruktion über die kirchliche Berufung des Theologen. Abdr. dtsch. in: Sekretariat der Deutschen Bischofskonferenz Bonn, Theologie und Kirche. Dokumentation. Arbeitshilfen H. 86 vom 31. 3. 1991, 104–125

Global 2000, 1981
38. Auflage, Frankfurt a. M.

Görres, Albert, 1966
Pathologie des katholischen Christentums.
In: Handbuch der Pastoraltheologie, hrsg. v. Franz Xaver Arnold u. a., Bd. II/1, Freiburg–Basel–Wien, 277–343

Gottes Recht und Menschenrechte, 1976
Gottes Recht und Menschenrechte. Studien und Empfehlungen des Reformierten Weltbundes. Hg. von Jan Milic Lochmann und Jürgen Moltmann. Neukirchen–Vluyn

Gottschalk, Gerda, 1991
Der letzte Weg. Konstanz

Groß, Alexander/Pfürtner, Stephan H., (Hrsg.), 1973
Sexualität und Gewissen. Mainz

Grote, Heiner, 1991
Fortgang der Neuscholastik. Zur Aktualität eines Unmodernen: Hans Barion. In: MD (Materialdienst des Konfessionskundlichen Instituts Bensheim) 6/91 (42. Jg.), 103–106

Gutting, Ernst, 1987
Offensive gegen den Patriarchalismus.
Für eine menschlichere Welt. Freiburg–Basel–Wien

Guy, J. C., 1971
Le Célibat sacerdotal: approches historiques.
In: Etudes (Paris) 104 (1971), 93–106

Gyger, Pia, 1988
Die Entfaltung der Geschlechtlichkeit aus evolutiver Sicht.
In: Engelbert Fuchtmann (Hrsg.), Identität und Sexualität, Süchtige zwischen Selbstheilung und Selbstzerstörung. Freiburg i. Br.

Häring, Bernhard, 1968
Einleitung und Kommentar zum 1. Kap. der Pastoralkonstitution über die Kirche in der Welt von heute.
In: Das Zweite Vatikanische Konzil. 3. Erg. Bd. zum LThK, Freiburg i. Br.–Basel–Wien, 423–447

Häring, Bernhard, 1989
Meine Erfahrung mit der Kirche. Einleitung und Fragen von Gianni Licheri. Freiburg–Basel–Wien

Hagemann, Kurt, 1971
Der Zölibat der römisch-katholischen Kirche.
Meisenheim am Glan.

Harnisch, Wolfgang, 1985

Die Gleichniserzählungen Jesu. Eine hermeneutische Einführung. Göttingen

Herms, Eilert, 1984

Einheit der Christen in der Gemeinschaft der Kirchen. Die ökumenische Bewegung der römischen Kirche im Lichte der reformatorischen Theologie. Antwort auf den Rahner-Plan. Göttingen

Höffe, Otfried, 1979

Ethik und Politik. Grundmodelle und Probleme der praktischen Philosophie. Frankfurt a. M.

Hoffmann, Paul, 1987

Von einer „Priesterkirche" zu einer Kirche des Volkes Gottes. In: Ders. (Hg.), Priesterkirche Düsseldorf, 346–368.

Huber, Wolfgang, 1983

Sozialethik als Verantwortungsethik. In: Ethos des Alltags. (FS Stephan H. Pfürtner) Hg. v. Alberto Bondolfi, Werner Beierle, Dietmar Mieth. S. 55–76. Zürich–Einsiedeln-Köln

Huber, Wolfgang, 1990

Konflikt und Konsens. Studien zur Ethik der Verantwortung. München

Huber, Wolfgang, 1990a

Die Würde des Menschen ist antastbar. Anfragen aus der Sicht christlicher Ethik. In: Universitas (Ztschft. f. Wissensch., Kunst u. Literatur, Stuttgart) 9/1990, 852–860

Huber, Wolfgang/Tödt, Heinz Eduard, 1977

Menschenrechte. Perspektiven einer menschlichen Welt. (Erstveröfftl. 1971). Stuttgart

Illich, Ivan, 1974

Die sogenannte Energiekrise – oder das sozial kritische Quantum der Energie. Reinbek bei Hamburg

Illich, Ivan, 1980

Selbstbegrenzung. Eine politische Kritik der Technik. ‚Tools for Conviviality'. Reinbek bei Hamburg

Johannes XXIII., 1963

Rundschreiben „Pacem in terris", in: Texte zur katholischen Soziallehre, mit einer Einführung von Oswald von Nell-Breuning SJ, hg. v. Bundesverband der Katholischen Arbeitnehmer-Bewegung (KAB) Deutschlands. Kevelaer 1976, 271–320

Johannes Paul II., 1980

Ansprache bei der Begegnung des Rates der EKD im Dommuseum in Mainz am 17.11.1980. In: Johannes Paul II. in Deutschland. Verlautbarungen des Apostolischen Stuhls Bd. 25, 79–83. Sekretariat der Deutschen Bischofskonferenz, Bonn.

Johannes Paul II., 1988

Ansprache an die Teilnehmer am internationalen Kongreß für Moraltheologie (am 12.11.1988) In: L'Osservatore Romano vom 25.11.1988

Johannes Paul II., 1991

Enzyklika CENTESIMUS ANNUS zum hundertsten Jahrestag von RERUM NOVARUM. 1. Mai 1991.

Hrsg. v. Sekretariat der Deutschen Bischofskonferenz.

Verlautbarungen des Apostolischen Stuhls 101. Bonn

Jonas, Hans, 1979
Das Prinzip Verantwortung. Versuch einer Ethik für die technologische Zivilisation. Frankfurt a. M.
Jonas, Hans, 1985
Technik, Medizin und Ethik. Praxis des Prinzips Verantwortung. Frankfurt a. M.
Kaufmann, Franz-Xaver (Hrsg.), 1975
Bevölkerungsbewegung zwischen Quantität und Qualität. Beiträge zum Problem einer Bevölkerungspolitik in industriellen Gesellschaften. Stuttgart
Kaufmann, Ludwig, 1987
Ein ungelöster Kirchenkonflikt. Der Fall Pfürtner. Dokumente und zeitgeschichtliche Analysen. Freiburg/Schweiz
Kaufmann, Ludwig, 1991
Gott im Herzen der Geschichte. M.-D. Chenu (1895–1990), eine notwendige Erinnerung an französische Impulse. In: Chenu 1991, 101–121
Kaufmann, Ludwig/Klein, Nikolaus, 1990
Johannes XXIII. – Prophetie im Vermächtnis. Fribourg
Kerkhofs, Jan, 1988
Neue Formen des kirchlichen Dienstes und verheiratete Priester. In: Mitteilungsblatt... (s. u.) 5. Jahrg./Sondernummer Mai, 3–15
Kirche 1964
Dogmatische Konstitution über die Kirche (LG). In: Das Zweite Vatikanische Konzil, Bd. I, 1966, 137–347
Kirchentag '91
Das Nachlesebuch. Hrsg. im Auftrag des Deutschen Evangelischen Kirchentages von Rüdiger Runge. München 1991
„Kölner Erklärung", 1989
„Kölner Erklärung katholischer Theologieprofessorinnen und Theologieprofessoren: Wider die Entmündigung – für eine offene Katholizität". Dokumentiert in: Frankfurter Rundschau v. 27. Jan. 1989 u. Publik Forum AKTUELL Febr. 1989
Kottje, Raymund, 1971
Das Aufkommen der täglichen Eucharistiefeier in der Westkirche und die Zölibatsforderung. In: ZfKG II (1971) 218–228
Lecler, Joseph, 1965
Geschichte der Religionsfreiheit. Bd. I, Stuttgart
Lehrverurteilungen – kirchentrennend?, 1986
I. Bd.: Rechtfertigung, Sakramente und Amt im Zeitalter der Reformation und heute. Hrsg. v. K. Lehmann u. W. Pannenberg, Freiburg i. Br.–Göttingen
Leist, Fritz, 1972
Der sexuelle Notstand und die Kirchen. Eine aktuelle Dokumentation. Christen berichten dem Psychologen über ihre Erfahrungen. Freiburg i. Br.
Leuthold, Ruedi, 1990

Die Panik ist schleichend, unfaßbar und unterirdisch. Die ruandische Hauptstadt Kigali gilt als Ort mit dem höchsten Bevölkerungsanteil von Aidskranken auf der Welt. In: ‚Die Weltwoche' (Zürich) Nr. 15 vom 12. April 1990, 13

Lienemann, Wolfgang, 1988
Die Zerstörung der Menschlichkeit im Nationalsozialismus und das Ethos der Menschenrechte. In: Ethik in der europäischen Geschichte, Bd. II. Hg. v. Stephan H. Pfürtner, Stuttgart, 148–165

Locht, Pierre de, 1979
Les couples et l'Eglise. Chronique d'un témoin. Paris

Luther, Martin, 1520
Von der Freiheit eines Christenmenschen. Weimarer Ausgabe (WA) 7, 20–38

Luther, Martin, 1525
De servo arbitrio (Über den unfreien Willen). WA 18, 600–787

Malthus, Thomas Robert, 1798
Essay on the Principle of Population. London

Meier, Anton Meinrad, 1966
Das Peccatum mortale ex toto genere suo. Entstehung und Interpretation des Begriffs. Eine moralgeschichtliche Studie unter besonderer Berücksichtigung der Lehre des heiligen Thomas von Aquin. Regensburg

Menne, Ferdinand W., 1971
Kirchliche Sexualethik gegen gesellschaftliche Realität. Zu einer soziologischen Anthropologie menschlicher Fruchtbarkeit. München–Mainz

Mieth, Dietmar/Schiele, Beatrix Art. Sexualethik, in: Frauenlexikon, hg. von A. Lissner u. a., Freiburg 1988, Sp. 998–1007

Metz-Göckel, Sigrid, 1988
Artikel ,,Sexismus'', in: Frauenlexikon Sp. 989–993

Mieth, Dietmar/Mieth, Irene, 1991
Schwangerschaftsabbruch. Die Herausforderung und die Alternativen. Freiburg–Basel–Wien

Mitteilungsblatt der ,Vereinigung katholischer Priester und ihrer Frauen e. V.', 1988
5. Jahrgang Nr. 2 und Nr. 4

Mörsdorf, K., 1965
Zölibat. Art. in LThK Bd. 10 (1965), Sp. 1395–1400

Müller, Alois, 1974
Priester – Randfigur der Gesellschaft? Befund und Deutung der Schweizer Priesterumfrage. Zürich–Köln–Einsiedeln

Müller, Michael, 1954
Die Lehre des hl. Augustinus von der Paradiesesehe und ihre Auswirkung in der Sexualethik des 12. und 13. Jahrhunderts bis Thomas von Aquin. Regensburg

Müller, Michael, 1968
Grundlagen der katholischen Sexualethik. Regensburg

Nackter als nackt komm ich zu Dir, o. J.
hrsg. von der Leserinitiative Publik e. V. durch Dieter Grohmann, Heinz Misalla, Marietta Peitz. Publik-Forum-Extra

Neumann, Johannes, 1975
Menschenrechte – Auch in der Kirche? Zürich-Einsiedeln-Köln

Noonen, John T., 1969
Empfängnisverhütung. Geschichtliche Beurteilung in der katholischen Theologie und im kanonischen Recht. Mainz

Novak, M. (Hg.), 1966
Eheliche Praxis, kirchliche Lehre. Mainz

Oberman, Heiko Augustinus, 1982
Luther. Mensch zwischen Gott und Teufel. Berlin

Ordensleben, 1965
Dekret über die zeitgemäße Erneuerung des Ordenslebens. In: Das Zweite Vatikanische Konzil, Bd. II. Freiburg–Basel–Wien 1967, 249–308

Pastoralinstruktion, 1971
Pastoralinstruktion ,Communio et Progressio' über die Instrumente der sozialen Kommunikation, veröffentlicht im Auftrag des II. Vatikanischen Ökumenischen Konzils. (Lat.-dtsche. Ausgabe) Trier

Paul VI., 1968
Enzyklika ,,Humanae vitae''. Lat.-dtsche. Ausgabe in: Nachkonziliare Dokumentation Bd. 14, Trier

Paul VI., 1968
Rundschreiben ,,Über den priesterlichen Zölibat'' (Litterae Encyclicae De sacerdotali caelibatu), lat. u. dtsch. eingel. v. Friedrich Wulf. Trier

Perler, Othmar, 1952
Weisheit und Liebe. Nach Texten aus den Werken des Heiligen Augustinus. Olten–Freiburg i. Br.

Pesch, Otto Hermann, 1967
Theologie der Rechtfertigung bei Martin Luther und Thomas von Aquin. Versuch eines systematisch-theologischen Dialogs. Mainz

Pesch, Otto Hermann, 1973
Kirchliche Lehrformulierungen und persönlicher Glaubensvollzug. In: H. Küng (Hg.) Fehlbar? Eine Bilanz.

Pesch, Otto Hermann, 1982
Hinführung zu Luther, Mainz

Pesch, Otto Hermann, 1982a
Gerechtfertigt aus Glauben. Luthers Fragen an die Kirche. Freiburg–Basel–Wien

Pesch, Otto Hermann, 1988
Thomas von Aquin. Grenze und Größe mittelalterlicher Theologie. Eine Einführung. Mainz

Pflüger, Peter Michael (Hg.), 1988
Das Paar – Mythos und Wirklichkeit. Neue Werte in Liebe und Sexualität. Olten–Freiburg i. Br.

Pfürtner, Stephan H., 1972
Kirche und Sexualität. Reinbek

Pfürtner, Stephan H., 1972a
Moral – Was gilt heute noch? Erwägungen am Beispiel der Sexualmoral. Zürich–Einsiedeln–Köln

Pfürtner, Stephan H., 1972b
Macht Recht Gewissen in Kirche und Gesellschaft. Zürich–Einsiedeln–Köln

Pfürtner, Stephan H., 1972c
Das Natürlich-Rechte in der theologischen Auseinandersetzung der Gegen
wart. In: Natur und naturrecht. Ein interlakultäres Gespräch. Hg. von Alois
Müller, Stephan H. Pfürtner, Bernhard Schnyder, Freiburg/Schweiz–Köln,
258–303
Pfürtner, Stephan H., 1976
Die Menschenrechte in der römisch-katholischen Kirche. In: Zeitschrift für
Evangelische Ethik 20 (1976) H. 1, 35–63
Pfürtner, Stephan H., 1981
Keine Kirche kann vollkommen sein. Trennt die Rechtfertigungslehre noch
die Christen? In: Luth. Monatshefte, 2. Jahr. 1981, H. 5, 264–268. (= Wie weit
reicht der Konsens in der Rechtfertigungslehre? In: Orientierung, Jahrg. 45,
1981, 95–98
Pfürtner, Stephan H., 1984
Die Paradigmen von Thomas und Luther. Bedeutet Luthers Rechtfertigungs-
botschaft einen Paradigmenwechsel? In: Theologie – wohin? Auf dem Weg
zu einem neuen Paradigma. Hrsg. v. Hans Küng und David Tracy, Zü-
rich–Köln–Gütersloh, 168–192
Pfürtner, Stephan H., 1984a
Traditionalistische Bewegungen im gegenwärtigen Katholizismus. In:
Die Kirchen und ihre Konservativen. Hg. von Reinhard Frieling, Göttingen,
11–51
Pfürtner, Stephan H. (Hg.), 1985
Wider den Turmbau zu Babel. Disput mit Ivan Illich. Reinbeck bei Hamburg
Pfürtner, Stephan H. (u. a.), 1988
Ethik in der europäischen Geschichte. Bd. I: Antike und Mittelalter; Bd. II:
Reformation und Neuzeit. Stuttgart
Pfürtner, Stephan H., 1988b
Katholische Soziallehre
In: Frauenlexikon, Sp. 1051–1059
Pfürtner, Stephan H., 1989
Der Zölibat – ein Instrument „heiliger Herrschaft"?
In: Diakonia 2/1989, Jg. 20, 89–100
Pfürtner, Stephan H., 1991
Fundamentalismus – Die Flucht ins Radikale.
Freiburg–Basel–Wien
Pfürtner, Stephan H./Heierle, W., 1980
Einführung in die katholische Soziallehre.
Darmstadt
Pius XII., 1952
Ansprache an die Teilnehmerinnen des Kongresses des Weltverbandes der
katholischen Frauenjugend v. 18. April 1952. Dtsch. Übers. in: Aufbau und
Entfaltung des gesellschaftlichen Lebens. Soziale Summe Pius' XII. Hg. von
Arthur-Fridolin Utz u. Joseph-Fulko Groner. Bd. 1 Nr. 142–165, Frei-
burg/Schweiz 1954
Pius XII., 1954
Sacra virginitas. Rundschreiben „Über die heilige Jungfräulichkeit". Offi-
zielle dt. Übersetzung, Leutersdorf a. Rh., 1955

Priester, 1965
Dekret über Dienst und Leben der Priester.
In: Das Zweite Vatikanische Konzil. In: LThK 3. Erg. Bd., Freiburg–Basel–Wien 1968, 127–240

Prümmer, Dominicus M., O.P., 1940
Manuale Theologiae Moralis secundum Principia S. Thomae Aquinatis. In usum scholarum. Editio nona, recognita a P. Dr. Engelberto M. Münch O.P., Freiburg i. Br.

Publik-Forum EXTRA, Sexualität o. J., 1989
Nackter als nackt komm ich zu Dir. Frankfurt a. M.

Rahner, Karl, 1966
Kommentar zum Kap. III, Artikel 18–27 der Dogm. Konstitution über die Kirche. In: Das Zweite Vatikanum, Bd. I, 1966, 210–246

Religionsfreiheit, 1965
In: Das Zweite Vatikanische Konzil, Erklärung über die Religionsfreiheit. LThK, 2. Erg. Bd., Freiburg i. B. 1967, 703–748

Reuss, Johannes M., 1961
Geschlechtlichkeit und Liebe. Mainz

Reuss, Johannes M., 1967
Verantwortete Elternschaft.
Gesammelte Aufsätze. Mainz

Roberts, Th. (Hrsg.), 1966
Empfängnisverhütung in der christlichen Ehe. Mainz

Rohde-Dachser, Christa, 1970
Struktur und Methode der katholischen Sexualerziehung. Dargestellt am Beispiel katholischer Kleinschriften. Ein Beitrag zur Problematik der Moraltradierung in der komplexen Gesellschaft. Stuttgart

Rosh, Lea/Jäckel, Eberhard, 1990
,,Der Tod ist ein Meister aus Deutschland".
Deportation und Ermordung der Juden. Kollaboration und Verweigerung in Europa. Hamburg

Ruether, Rosemarie R., 1985
Sexismus und die Rede von Gott. Gütersloh

Schenk, Herrad, 1991
Suche nach Orientierung. In: Kirchentag '91, 192–196

Schmid, Wilhelm, 1990
Die Geburt der Philosophie im Garten der Lüste.
Michel Foucaults Archäologie des platonischen Eros. Frankfurt a. M.

Schoenherr, R., 1972
Heilige Macht, heilige Autorität und heiliger Zölibat: Die Vereinigten Staaten. In: Concilium 8 (1972) 625–633

Schulerus-Keßler, Susanne, 1991
Seht, welch ein Mensch. In: Kirchentag '91, 172–181

Sierck, Udo
Verletzt, ausgeschlossen und entmutigt. Wie die sexuellen Wünsche Behinderter behindert werden.
In: Publik-Forum extra ,,Sexualität".
Oberursel 1989

Sigusch/Gremliza (Hrsg.), 1986
Operation AIDS. Sexualität konkret Heft 7
Sipe, A. W. Richard, 1990
A Secret World: Sexuality and the Search for Celibacy, New York
Stehle, Hansjakob, 1989
Ein dunkles Kapitel. In: DIE ZEIT Nr. 3 v. 13. Jan. 1989, 46
Steigleder, Klaus, 1983
Das Opus Dei – Eine Innenansicht. Zürich–Köln–Einsiedeln
Strzelewicz, Willy, 1969
Der Kampf um die Menschenrechte. Von der amerikanischen Unabhängig-
keitserklärung bis zur Gegenwart. Frankfurt a. M.
Stümke, Hans-Georg/Finkler, Rudi, 1981
Rosa Winkel, Rosa Listen. Homosexuelle und ,,gesundes Volksempfinden''
von Auschwitz bis heute. Reinbek
Thomas von Aquin
Summa theologiae II–II, Quaest. 10. Deutsche Thomas-Ausgabe Bd. 15, Hei-
delberg–München–Graz–Wien–Salzburg 1950; Quaest. 23. Dt.A Bd. 17a
a.a.O. 1959
UN 1973
Human Rights. A Compilation of International Instruments of United Natio-
nes (UN Doc St/Hr/1) New York
Verlautbarungen des Apostolischen Stuhls, 1986
Schreiben der Kongregation für die Glaubenslehre an die Bischöfe der Ka-
tholischen Kirche über die Seelsorge für homosexuelle Personen.
Sekretariat der Deutschen Bischofskonferenz, Bonn 1986
Was schaut ihr nach oben? Kirche lebt von unten?, 1990
Katholikentag von unten. Programm. Berlin. (Initiative Kirche von unten.
Oscar-Romero-Haus, 5300 Bonn, Heerstr. 205)
Werbick, Jürgen (Hrsg.), 1991
Offenbarung und fundamentalistische Versuchung.
Freiburg–Basel–Wien
Wiedemann, Hans Georg, 1982
Homosexuelle Liebe. Für eine Neuorientierung der christlichen Ethik. Stutt-
gart
Wiederkehr, Dietrich, 1990
Laßt Euch betreffen, aber nicht blenden! Eine doppelte Rezeption für die
Lektüre von Eugen Drewermanns ,Kleriker'. In: Orientierung 54 (1990)
Nr. 2, 17–21
Wingen, Max, 1975
Grundfragen der Bevölkerungspolitik.
Stuttgart–Berlin–Köln–Mainz
Wulf, Friedrich, 1967
Einführung und Kommentar zum ,,Dekret über die zeitgemäße Erneuerung
des Ordenslebens''. In: Das Zweite Vatikanische Konzil. 2. Erg. Bd. Freiburg
i. Br. 1967, S. 250–308
ZdK 1989
Zentralkomitee der deutschen Katholiken.
Mitteilungen vom 3. März 1989

Zulehner, Paul M./Fraupe, Sepp R., 1970
Wie Priester heute leben... Ergebnisse der Wiener Priesterbefragung. Wien–Freiburg–Basel

Zweites Vatikanum
Sämtliche Konzilsdokumente samt Kommentaren in: Rahner, Karl/Vorgrimler, Herbert, (Hrsg.), Kleines Konzilskompendium, Freiburg i. Br. 1968

Aktuelle Themen in der kirchlichen Diskussion

Dietmar Mieth
Geburtenregelung
Ein Konflikt in der katholischen Kirche
Grünewald Reihe
1990. 176 Seiten. Kunststoff

Auf dem aktuellen Stand der Informationen und Argumente, der situativen Bedingungen und der Anliegen wird die Frage der Geburtenregelung in der katholischen Morallehre hier genauestens dargestellt. Sichtbar werden die Absichten und vor allem auch die Grenzen kirchlicher Argumentationen, Erschöpfungszustände der kirchlichen Rechtfertigung angesichts der modernen Realität von Elternschaft und Fortpflanzung und die Verkehrung des kirchlich Gutgemeinten in ihr Gegenteil. Wenn der Verfall der kirchlichen Autorität nicht weiter fortschreiten soll, ist die Frage der Geburtenregelung und des weiteren die Sexualmoral sowie die Gewissensfreiheit des einzelnen in der katholischen Kirche die Herausforderung für die Kirchenleitung.

Hirschberg

Eberhard Schockenhoff
Das umstrittene Gewissen
Eine theologische Grundlegung
Grünewald Reihe
1990. 152 Seiten. Kunststoff

Eberhard Schockenhoff knüpft mit seiner theologischen Fundierung an die bahnbrechenden Äußerungen des Zweiten Vatikanischen Konzils über die Würde des Gewissens an, um dann die Chancen und Gefährdungen einer verantwortlichen Gewissensorientierung in der modernen Welt zu diskutieren. Die wichtige Orientierungshilfe in der aktuellen Grundlagendiskussion der christlichen Ethik ist zugleich ein Plädoyer für Sachlichkeit und Gelassenheit im „Streit" um den zukünftigen Weg der Kirche, aus dem sich kein Verantwortlicher ausklinken kann.

Anzeiger für die Seelsorge

Matthias-Grünewald-Verlag · Mainz